JN086365

高齢者福祉

川村匡由 編著

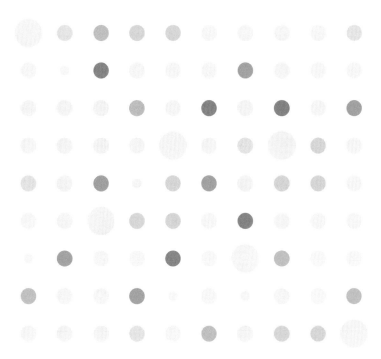

ミネルヴァ書房

まえがき

　今回の新々カリキュラムの社会福祉士養成教育課程の科目の教育内容の改定のうち，大きく変わった教科の一つがこの「高齢者福祉」である。なぜなら，「高齢者福祉」は旧カリキュラムでは「老人福祉論」，新カリキュラムでは「高齢者に対する支援と介護保険制度」というように，一般養成施設に限りともに60時間と設定されていたものが，新々カリキュラムでは30時間と半減され，「障害者福祉」や「障害者福祉」「児童・家庭福祉」「貧困に対する支援」などとともに２階建ての専門科目に見直されたからである。

　しかし，誰もが加齢によって老化が進み，いずれは在宅，または施設で必要な福祉サービスを受け，「人生100年」をまっとうする見込みのほか，2065年の本格的な少子高齢社会および人口減少の到来を見据え，その制度・政策および事業・活動に関わらざるを得ない。まして社会福祉士などのソーシャルワーカーを志望する学生は「社会保障」や「社会福祉の原理と政策」「ソーシャルワーク」など共通基礎科目の２階建てに相当する専門科目として学ぶことが必要である。

　その際，重要なことは国民主権，基本的人権の尊重，平和主義を三大原則とする日本国憲法を国是に，国民の生存権および国の社会保障的義務を定めた同法第25条第１・２項を踏まえ，年金，医療，介護，子育てはもとより，労働災害（労災）や雇用および生活保護，社会手当，社会福祉とのつながりである。このため，社会福祉士などのソーシャルワーカーは2065年の本格的な少子高齢社会および人口減少に向け，多様な福祉ニーズを有する高齢者やその家族に寄り添った支援に務めるとともに，政府および自治体の介護保険などに関わる制度・政策を補完すべく事業・活動に取り組む。

　また，その結果，問題があればソーシャルアクション（社会開発・活動法）に

よって利用者やその家族はもとより，広く住民に提起し，地域包括ケアシステムの構築および「地域共生社会」の実現，すなわち，地域福祉を推進し，明治維新以降，第二次世界大戦（アジア太平洋戦争）終了までの“負の遺産”である軍事国家から平和・福祉国家，さらには集権国家から分権国家へと転換すべく国および地域社会の持続可能性を追求することが必要である。

　なお，本文中の下線の部分はこれまでの社会福祉士や精神保健福祉士の国家試験で出題された箇所，および今後も出題が予想されるため，注意されたい。

2023年2月

武蔵野大学名誉教授
川村匡由

目　　次

第1章	高齢者の定義と特性

学びのポイント

本章では，①高齢者と高齢期の基本的理解を図る，②高齢者の特性について，身体的側面，心理・精神的側面から検討できるようになる，③高齢者が抱えやすい主な疾患や心理・精神的問題とともに，状況に応じた支援上の留意点を理解する，の3点を学びのポイントとする。

1 高齢者の定義と高齢期の特性

（1）高齢者の定義

高齢者の定義は一般的には年齢を基準に設定されることが多いが，明確には定まってはいない。その背景には，高齢者の個々人の能力差が大きいことや各国の平均寿命の影響を受けやすいこと等が考えられる。ちなみに，日本の法律を概観すると，老人福祉法（1963年）では明確な年齢に関わる定義はないものの，特別養護老人ホームへの入所措置については原則65歳以上となっている。また，「高齢者虐待の防止，高齢者の養護者に対する支援等に関する法律（高齢者虐待防止法）」（2006年）では65歳以上となっており，後期高齢者医療制度（2008年）では一定の障害と認定され，65歳以上で，かつ身体障害者手帳または療育手帳，もしくは精神障害者保健福祉手帳を保持する者等も含まれるが，75歳以上が被保険者の中心になっている。

このように日本は高齢者をおおむね65歳以上と定義する場合が多いが，65歳以上75歳未満を「前期高齢者」，75歳以上を「後期高齢者」と捉えることが一般的である。これは1956年に国際連合（国連）が，65歳以上を高齢者とみなし

図表 1-1 生から死への変化のイメージ

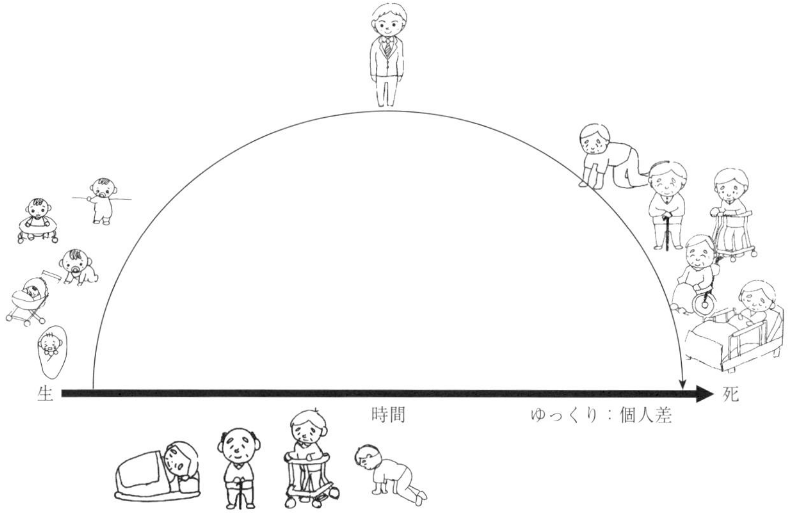

出典：筆者作成。

た影響を受けていると思われる。なお，日本老年学会・日本老年医学会は，65〜74歳を「准高齢者」，75〜89歳を「高齢者」，90歳以上を「超高齢者」とする捉え方を示し，先進国の高齢化事情を念頭に平均寿命の延伸と「若返り」現象が世界的に広がるようになれば，全世界的に通用する概念になるとしている。[1]

（2）高齢期の特性──高齢期とは

　高齢期の特性を理解するにあたっては，それまで生きてきた過去とのつながりの理解が不可欠であり，保健・医療・福祉分野での支援に関わる各種サービスにおいても重要な情報となる。具体的には，図表 1-1 で示したように，一般的に人は生まれた直後は寝たきり状態であり，次第に寝返りでの移動（方向転換等），保護者等のサポートによる移動（だっこやベビーカーでの移動），四つん這いでの移動，つかまり立ちや歩行器等での移動を経て，最も長い期間になりやすい自立移動（2足歩行）に変化していく。

　高齢者は，経験や知識に基づきすぐれた創造性・能力を発揮することもある。

その反面，高齢期になると，個人差もあるが，日常生活上でバランスを崩しやすくなったりすることで杖や歩行器，車椅子（自走）や家族等のサポートによる移動を経て寝たきり中心の生活へと変化することも多い。つまり，生まれてから自立歩行までのプロセスと老化，すなわち，加齢に伴う心身の機能の低下により，自立歩行が困難になった状態から寝たきり中心の生活になるまでのプロセスは，時計の針を巻き戻すようなイメージが可能であろう。

　高齢期の身体状況の変化は，過去の生活習慣や仕事等の影響を受けるために個人差は大きいものの，次第に身体機能は低下していく。このため，高齢者の支援にあたっては残存能力の低下の予防や積極的な活用，現状維持をめざす支援等にも力点が置かれる。図表1-1のように，高齢期は老化現象とともに人生の終末に近づく時期である。また，「いかにその人らしい生活を安心して継続できるか」，また「どうすれば安らかな終末を迎えることができるか」を意識した支援が求められる。

　なお，青年層は，ややもすると高齢者にネガティブなイメージを持ちやすいともいわれているが，高齢者は人生経験が長いうえ，豊富な経験や知識を持っており，かつ社会に貢献し，多くの可能性を持つ尊厳ある存在である。

2　身体的側面からみた高齢者の特性

（1）総　　論

　老化が進行するにつれ，長年機能してきた脳や臓器の萎縮（一部を除く）や各種の機能・免疫力の低下等が生じ，様々な疾患が生じやすくなる。このため，高齢期には複数の疾患を同時に抱えやすく，診療科目別の病院めぐりのような状況やポリファーマシー（多剤併用），すなわち，多くの薬を服用することに伴い，副作用を起こすケースがみられる。また，病気の自覚症状が乏しくなることなどで症状の発見が困難な状況もある。

　高齢期の身体的特徴として，①臓器機能の低下，②予備力・回復力の低下，③恒 常 性維持機能の低下，④複数の症状や病気を抱えやすい，⑤ ADL（日常

生活動作）および IADL（手段的日常的生活動作・例：スマートフォンの取り扱いや買い物，家事，旅行，薬の管理，金銭管理等）が低下しやすい，⑥典型的な症状に当てはまらないことが多い，⑦重篤化しやすいことなどが指摘されている。⁽²⁾また，持久力の低下や脱水等も生じやすくなる。

　加齢に伴い，心身の機能が老い衰えた状態（虚弱）を意味するフレイル（例：体重減少，歩行速度低下，疲れやすさなど）に対しては，早期介入による予防の可能性も指摘されている。近年では，栄養補給を補助する各種サプリメントの開発をはじめ，臓器の機能代替のための人工臓器の開発や人体機能の補完・代替機器に関する研究，IPS 細胞（細胞を培養して人工的につくられた多能性の幹細胞）を活用した再生医療，老化を病気として捉え，治療対象としようとする研究等もみられることから，さらに長寿化する可能性もある。なかでも110歳を超える「スーパー　センチナリアン」と呼ばれる110歳以上の長寿者の存在が注目されている。

　総じて，高齢者福祉に関する支援者（介護福祉士や社会福祉士，精神保健福祉士等）には，老化に伴う精神的，身体的な変化がどのような日常生活の困難さを発生させるかを予測し，予防できる知識と能力が重要になる。また，高齢者の身体的側面のみではなく，精神的，心理的な側面や社会的，環境的な側面との関係性を意識することは，生活の全体性を踏まえた問題把握につながる。

　そこで，以下，公益財団法人長寿科学振興財団および公益社団法人東京都医師会ホームページをもとに，⁽³⁾加齢に伴う身体機能の主な変化と疾患，支援上の留意点について，簡潔に触れておきたい。

（2）運動器系──骨・関節・筋肉

　運動器系は，例えば物を持ち上げる・支える，歩くなどの身体を動かす機能と密接に関連するが，加齢に伴う主な変化としては，①筋肉量の減少・筋力の低下，②関節可動域の減少，③骨密度の減少等がある。高齢期における主な運動器系の疾患として，骨粗鬆症，骨折（特に大腿骨骨折は寝たきりになりやすい），変形性関節症，脊柱管狭窄症，関節リウマチなどがある。

①では「ビンの蓋が開けられない」「水やお米，灯油等の重い物が次第に持てなくなった」「力が入らず，転倒しやすくなる」など，②では「背中に手が届かない」「物が取りにくい」など，③では特に一度転倒して骨折した高齢者では，転倒後不安症候群により「バランスを崩したり，転倒したりすることが怖い」などの理由で生活活動の低下を招くことも考えられる。[(4)]

　したがって，支援上の留意点として，転倒リスクを減らす環境上の工夫や適度な運動等が考えられる。

（3）循環器系──心臓・血管

　循環器系の主な変化として，心臓はやや肥大し，①最大心拍出量及び最大心拍数の減少，②血圧変動のリズムの乱れ，③大動脈の組織の石灰化による動脈弁の肥厚（ひこう）（肥えたり，腫れたりして身が厚くなること），④弾力性の低下，⑤赤血球数の減少，⑥冠（かん）動脈の効果による心筋の酸素供給の低下，⑦動脈硬化による末梢血管抵抗の増大等がある。[(5)]また，高齢期の主な循環器系の疾患としては，高血圧（特に収縮期高血圧），狭心症，心筋梗塞（こうそく），白血病等がある。

　支援上の留意点としては，特に高血圧では福祉施設等での外出や運動前や入浴時等の血圧測定が重要になる。特に心筋梗塞の発作は死に至る場合もあるため，緊急時の対応確認等も重要になる。

（4）感覚器系──聴覚・視覚・嗅覚・味覚・触覚

　感覚器系の主な変化としては，①聞こえにくさ（特に老人性難聴では高音域），②視野狭窄（きょうさく）（視野が狭くなる），③動体視力の低下，④明・暗順応の鈍化，⑤嗅覚（特に自覚しにくい）・味覚の低下，⑥触覚（痛覚等）・温度覚の鈍化等がある。また，高齢期における感覚器系の主な疾患としては，難聴，白内障，緑内障，加齢黄斑（おうはん）変性（加齢に伴う黄斑による視界のゆがみや視力障害），熱傷等がある。

　支援上の留意点としては，ⅰ自動車等の運転時における音の聞きづらさ，明るさへの適応力の低下，緊急的な判断・反応力の低下や，ⅱ難聴によるコミュニケーションの回避や不足等への配慮等がある。特にⅱについては，支援者に

よる利用者から認識されやすいポジションの確保，低めの声でのゆっくり話すことなどが必要になりやすい。このほか，痛みや気温の変化への配慮も重要になる。

（5）消化器系

　消化器系の主な変化としては，①唾液分泌の減少（口が乾きやすくなる），②咀嚼（物をかみ砕く）・嚥下力（物を飲み込む力）の低下，③消化吸収力の低下（胃液・膵液等），④解毒作用の低下，⑤便秘等がある。また，高齢期における消化器系の主な疾患として，摂食・嚥下障害（食べ物や水分を口の中に取り込んでから飲み込むまでの過程が正常に機能しない状態），潰瘍，消化器がん，肝硬変等がある。

　したがって，支援上の留意点としては，食欲の低下や食事時の誤嚥への対応，栄養不良等がある。特に嚥下障害がある高齢者の誤嚥性肺炎を放置した場合では，窒息や肺炎等の深刻な状況につながりやすいため，注意を要する。なお，食事を楽しみにする高齢者は多く，他者との交流も生じやすい場面であるため，QOL（生命・生活の質）との関係も大きいことに注意を払う必要がある。

（6）呼吸器系

　呼吸器系の主な変化としては，①呼吸運動の低下，②最大換気量・ピークフロー（息を吐くときの速さ）の減少，③ガス交換量の減少，④肺活量の低下と残気量（肺に空気を深く吸い込み，できる限り吐き出したあとに残る空気の量）の増加，⑤呼吸筋力の低下，⑥感染防御機能の低下等がある。また，高齢期における呼吸器系の主な疾患としては，肺炎，肺がん，肺気腫，肺線維症，慢性気管支炎等がある。

　支援上の留意点としては，運動後の回復状況の把握，持久力の低下や疲労しやすさ，リスク因子がある場合の呼吸数や呼吸パターンのモニタリング（監視・観察）などがあるとされている。⁽⁶⁾

（7）そ の 他

1）神経代謝系

　神経代謝系の主な変化としては，①末梢神経の伝達速度の低下，②自律神経の乱れ，③椎間板の変化に伴う神経圧迫，④代謝・ホルモン分泌機能の全体的な低下，⑤免疫作用の機能低下，⑥振動覚の低下，⑦膝蓋腱反射（下肢を曲げ，膝蓋骨の下部を軽く叩くと筋肉が収縮し，下肢が上がる反射）の低下等がある。また，高齢期における神経代謝系の主な疾患としては，脳卒中，糖尿病，パーキンソン病，甲状腺疾患，変形性頚椎症等がある。

　支援上の留意点としては，若者が感染しにくい細菌・ウイルスに対しても感染する危険性があること，気温上昇と発汗状態の把握，平衡感覚・反射の低下や感覚鈍麻に気をつけることなどがある。

2）泌尿器系

　泌尿器系の主な変化としては，①膀胱萎縮と容量減少，②前立腺の肥大（男性），③腎機能低下等がある。また，高齢期における泌尿器系の主な疾患としては，尿路結石（腎・尿管・膀胱），尿路感染症（膀胱炎等），排尿障害等がある。

　支援上の留意点としては，排尿回数・時間の増加，腹圧性尿失禁（特に女性）などのように，恥ずかしさが生じることもあるため，特にデリケートな対応を心がける必要がある。

3）外観（見た目）

　加齢の影響を受ける外観の変化は個人差が大きいものの，白髪の増加，脱毛，歯の本数減少，丸背，身長低下，体重減少，しわ・しみ・たるみの増加，皮膚の菲薄化，血管が浮き出やすくなる，動作ペースが遅くなる，傷が治りにくいことなどが考えられる。近年，外観に関するアンチエイジング（抗加齢：抗老化）への試みや化粧療法等も行われているが，「いつまでも，できるだけ美しく」というよう外観を気にする高齢者も多く，適切な配慮が求められる。

3 心理・精神的側面からみた高齢者の特性

（1）総　論

　私たち人間は心で感じて何か具体的な行動に移したり，感情が身体に何らかの影響を与えたりすることが多い。具体的には，悲しい時に涙が出る，驚愕（きょうがく）時の心拍数増加，怒り・興奮時の血圧上昇等がある。また，高齢期には脳の萎縮（いしゅく）など身体的な理由や社会的，環境的理由から様々なストレス症状も生じやすくなる。このため，少しでも高齢者が抱えるストレスの解消・緩和・受容できるような支援（共感的理解，知識や支援情報の提供等）が求められる。

　そこで，以下，高齢期に生じやすい心理的課題と主な精神疾患，支援上の留意点に触れておきたい。

（2）老化の自覚と受容

　高齢期になると，日常生活上生じる出来事を若く元気だったころの自分と比較して「できないこと」，あるいは「できなくなったこと」が増えやすく，そのことを認識することで落ち込みやすくなる。

　具体的には，新しいことを覚えたり（記銘力（きめい）），思い出したり（想起力（そうき）），計算したりすることなどを面倒くさがったり，困難になりやすいこともある。同時に，「できるだけ周りに迷惑をかけたくない」という思いや「できない自分を責める」「自分を情けなく感じる」等という気持ちが生じることもある。

　支援上の留意点としては，老化の自覚や受け容れ（受容）の支援に関して理解する必要がある。このため，当事者への寄り添いや老化に関する適切な知識の伝達，対処に関する助言等が有用になる。

（3）孤立・孤独感

　日本では高齢化の進行や少子化，未婚者の増加等を背景として，三世代世帯は減少し，高齢者世帯や高齢者の単独世帯が増加傾向にある。この傾向は今後

も一定期間続くことが見込まれていることから，高齢期の「おひとりさま」生活のスタイルの定着化が予想される。高齢者の中には自ら孤独を望む者も存在していると思われるが，様々な生活不安や孤立・孤独感が生じやすく，身近に頼れる者（家族や友人，専門職等）の存在を望む者が多数であろう。

　高齢期の孤立・孤独感の主な要因としては，病気やADL（日常生活動作）の低下による外出の機会の制限（買い物，趣味，各種行事等への参加機会の減少等），友人や配偶者の死，近隣住民との交流の減少等がある。また，孤立・孤独感は単独世帯の高齢者特有のものではなく，同居の家族がいる場合や福祉施設への入所に伴う生活環境の変化でも生じることがあり，精神機能を低下させる要因になり得る。

　支援上の留意点としては，当事者と人々のつながり（各種交流やネットワーク形成等）への配慮と，サポートに関する知識と方法の習得等がある。

（4）死の受け入れと不安

　死への不安は多くの人々が感じるものである。特に高齢期は死に近づく時期でもあり，現状では避けることができない現実となる。そのため，死を遠ざけるために自身の病気に異常に敏感になることもある。また，死への不安や恐れのみならず，死後の不安等も生じやすい時期ともいえる。死の受容は簡単なことではないが，当事者が死を受容することにより不安を緩和し，より充実した生活に近づくことができる可能性もある。

　支援上の留意点としては，死を受け入れるプロセス「否認」「怒り」「取引」「抑うつ」「受容」の段階を理解しておくことがあり，それぞれの段階に応じた対応が必要である。加えて，死の準備としてエンディングノートの活用，死後処理・遺品整理，墓じまい等を生前に決めておくような「終活」や「老い仕度」への支援もある。

（5）記　　　憶

　記憶は大きく感覚記憶，短期記憶，長期記憶に分類できる。感覚記憶は数秒

程度のきわめて短い間の記憶であり，その中で注意した記憶のみが短期記憶に移行する。これに対し，短期記憶は能力を表す作業記憶（ワーキングメモリー）の一部に含まれ，感覚記憶よりも長時間保持されるが，数十秒で消失するような一時的な保存となる。

　一方，長期記憶は短期記憶の一部が反復等の方法で長期保存され，エピソード記憶（体験や出来事等），意味記憶（言語の意味等），手続き記憶（運転・操縦等）等がある。一般に長期記憶は短期記憶よりも保持されやすい。近年では，加齢に伴う記憶力の変化は少ないという指摘もある。

　支援上の留意点として，高齢期の日常生活上に支障がない程度の物忘れの発生やワーキングメモリー（作業・作動記憶）への低下の理解があるが，特に物忘れ自体を責めない対応が重要になる。また，日常生活に支障が生じる記憶障害もあり，認知症等の病的症状との違いも留意しておくべきである。

（6）知　　能

　知能は，日常生活上欠かせない能力であり，端的にいえば自己の知識を活用しながら物事を考えたり，合理的に対処したりする能力といえる。知能は流動性知能と結晶性知能に分類されることが多い。流動性知能は，新しい環境への適応に重要な能力となり，新しい情報の獲得とその処理・対応等が含まれる。これには直観力，図形処理能力や処理速度・推論等が存在し，加齢とともに直線的に低下しやすいといわれている。反面，結晶性知能は，それまでの教育や学習経験等を含めた人生経験から獲得してきた知能である。これには理解力や社会適応力，コミュニケーション力等が含まれるが，中でも語彙力は比較的高く，維持されやすいといわれている。⁽⁸⁾

　支援上の留意点としては，特に新しい体験や環境への適応や対応・作業等に関する知能が低下しやすいことを理解しておく必要がある。このため，自尊心を傷つけない配慮と同時に，ペースに応じた助言や手段的サポートの提供が重要になる。

（7）認 知 症

　認知症は高齢者の代表的な精神疾患の一つであり，健常と認知症の中間的な障害である MCI（軽度認知障害）も含め，今後の増加が見込まれる。厚生労働省によると，認知症は脳の病気や障害等さまざまな原因により認知機能が低下し，日常生活全般に支障が出てくる状態であり，主にアルツハイマー型認知症と（脳）血管性認知症等としている。⁽⁹⁾また，アルツハイマー型認知症は最も多く，脳神経が変性して脳の一部が萎縮する過程で起きるが，血管性認知症は脳梗塞や脳出血等の脳血管障害により生じると説明されている。

　認知症の症状は，中核症状と行動・心理症状（BPSD・周辺症状）に分類される。中核症状は認知症の共通的症状となり，記憶障害，見当識障害，理解・判断力障害，実行機能障害，失語・失認・失効等がみられる。行動・心理症状には個人差がみられ，様々な症状が出現する。具体的には，徘徊，漏便・失禁，異食，物とられ妄想，せん妄・幻覚，暴力・暴言，介護拒否，睡眠障害・昼夜逆転，帰宅願望等がある。

　支援上の留意点としては，生活に支障を来たした状況を理解しておくことや認知症と物忘れの違いの理解等がある。また，認知症の進行を自覚している場合を含め，段階に応じた適切な対応が重要だが，当事者から発信される行動・心理症状には，何らかのメッセージが含まれることもある。このため，当事者が「何を見て，何をしようとしているのか」，あるいは「何を目的に，何を考えて行動しているのか」などの理解を試み，当事者が見ている世界に共感し，歩み寄る姿勢が重要になる。

　なお，認知症高齢者に同居の介護家族がいる場合では，制度やサービスの情報提供とともに，家族への適切な配慮や対応（声かけ，ねぎらいなど）も有用である。近年では，認知症でも仕事やスポーツを支援しようとする試みもあり，一定の効果がみられている。また，高齢者施設においては，ユマニチュード（「見る」「話す」「触れる」「立つ」を軸として認知能力向上を図る）やバリデーション（共感を軸にしたすべての行動受容）によるコミュニケーションを導入している場合もある。いずれにせよ，アドボカシーの視点が重要になる。

（8）う つ 病

うつ病の発症原因は正確には不明だが，気分障害の一つであり，「一日中，気分が落ち込んでいる」「何をしても楽しめない」などの精神症状とともに身体症状が現れ，日常生活に大きな支障が生じている状態とされている。観察可能な様子として，「表情が暗い」「自責が続く」「涙もろくなった」「落ち着かない」「飲酒量の増加」等がある。また，身体症状では「食欲や性欲の減退」「眠れない・過度な睡眠」「倦怠感・疲れやすい」「頭痛・肩こり」「動悸」「胃の不快感・便秘・下痢」等がある。特に生真面目・完全主義，凝り性，他人に過度に気を遣う性格等はストレスを受けやすい（高リスク）といわれている。

高齢期のうつの誘因は，主に①ネガティブなライフイベント，②慢性的ストレス，が考えられる。①ネガティブなライフイベントは，退職，家族・友人等との死別，希望しない施設入所等が想定され，②慢性的ストレスでは，介護者への負い目，人間関係の喪失・不調和，貧困，孤独感等が想定される。また，高齢期の喪失体験は複合的になりやすいため，早期の適切な治療とともに人とのつながりの支援も重要になる。

支援上の留意点としては，一時的な落ち込みとの違い，早期発見と受診サポート，休養への配慮，プレッシャーの軽減，精神的，または身体的ストレスが生じている環境の把握と修正・離脱支援，他の疾患（アルツハイマー，脳血管障害，薬物の影響等）の可能性等を考えること等がある。

（9）そ の 他

以上のほか，高齢期に発生しやすい精神疾患として，統合失調症，睡眠障害，不安障害，心気症等があり，各種疾患の理解と状況に応じた適切な対応等を留意しておく必要がある。また，性格面に着目すると，アメリカの心理学者，S.ライチャード（1958年）は，高齢期（65歳以上）の生活は人の性格との関係が深くなると考え，適応型といわれる円熟型，依存型（安楽椅子型），自己防衛型（装甲型）と不適応型といわれる自責型（内罰型），他罰憤慨型（攻撃型・害罰型）の５つに分類・整理しているが，これらのタイプ別による対応とともに当事者

の個別性に応じた支援が必要である。

　高齢期には感情面で頑固になったり，生活の変化を望まず保守的な考え方になったりすることがある。さらには本来の性格や気質が顕著に出現しやすい時期という捉え方もある。このほか，高齢期では現実には生じていない将来への不安も抱えやすい。これは予期不安といわれ，死や要介護に対する不安，貯蓄の喪失や孤独への不安等がある。

　支援上の留意点としては，高齢者をターゲットにした振り込め詐欺や換金，投資，住宅修繕等を装った悪質商法等への対応や差別的扱いに対する注意喚起，見守りなどがある。

注

(1)　「高齢者の定義と区分に関する，日本老年学会・日本老年医学会 高齢者に関する定義検討ワーキンググループからの提言（概要）」2017年（https://www.jpn-geriat-soc.or.jp/proposal/pdf/definition_01.pdf，2022年5月25日アクセス）。

(2)　公益財団法人 長寿科学振興ホームページ「高齢者の身体的特徴」『健康長寿ネット』（https://www.tyojyu.or.jp/net/kenkou-tyoju/kenkou-undou/shintaiteki-tokucho.html，2022年5月25日アクセス）。

(3)　公益財団法人 長寿科学振興ホームページ「高齢者の身体的特徴」『健康長寿ネット』（https://www.tyojyu.or.jp/net/kenkou-tyoju/kenkou-undou/shintaiteki-tokucho.html）及び，公益社団法人 東京都医師会ホームページ「高齢者の身体器官の加齢現象・機能的変化に伴う疾患」『介護職員・地域ケアガイドブック』2011年，69頁（https://www.tokyo.med.or.jp/docs/chiiki_care_guidebook/035_072_chapter02.pdf，2022年5月25日アクセス）。

(4)　日本老年行動科学会監修，大川一郎編集代表『高齢者のこころとからだ事典』中央法規出版，2014年，300頁。

(5)　新井智之「高齢者のリスクとその対応」『理学療法――臨床・研究・教育』2017年を参照（https://www.jstage.jst.go.jp/article/ptcse/24/1/24_12/_pdf/-char/ja，2022年5月25日アクセス）。

(6)　同前を参照。

(7)　キューブラー・ロス／鈴木晶訳『死ぬ瞬間――死とその過程について』中公文庫，2001年。

(8)　西田裕紀子「中高年者の知能の加齢変化」『老年期認知症研究会誌』21(10)，

2017年（http://www.rouninken.jp/member/pdf/21_pdf/vol.21_07-21-01.pdf, 2022年5月25日アクセス）。

(9) 厚生労働省ホームページ「みんなのメンタルヘルス 認知症」（https://www.mhlw.go.jp/kokoro/know/disease_recog.html, 2022年5月25日アクセス）。

(10) 厚生労働省ホームページ「みんなのメンタルヘルス うつ病」（https://www.mhlw.go.jp/kokoro/know/disease_recog.html., 2022年5月25日アクセス）。

参考文献

川畑智・遠藤英俊・浅田アーサー『マンガでわかる！ 認知症の人が見ている世界』2021年，文響社。

デビッド・A・シンクレア，マシュー・D・ラプラント／梶山あゆみ訳『LIFESPAN（ライフスパン）——老いなき世界』東洋経済新報社，2020年。

日本老年行動科学会監修，大川一郎編集代表『高齢者のこころとからだ事典』中央法規出版，2014年。

ニュートンムック『老いの取扱説明書（ニュートン別冊）』ニュートンプレス，2021年。

ニュートンムック『老いの取扱説明書 認知症編』ニュートンプレス，2021年。

長谷川和夫・長谷川洋『よくわかる高齢者の認知症とうつ病——正しい理解と適切なケア』2015年，中央法規出版。

吉田勝明『認知症は接し方で100％変わる！』2021年，IDP出版。

── 利用者は今 ──

　高齢者は複数の疾患や障害を同時に抱えやすい。また，何らかの疾患を抱えがちであるため，落ち込んでしまうこともある。しかしその一方で，元気で活動的な高齢者も多数いる。このため，高齢者は支えられる立場のみではなく，支える立場としての役割も期待される。

　高齢者の年齢幅は，例えば65歳から100歳等のように，親子ほどの離れた幅広い年齢層が含まれている。仮に「高齢者は虚弱である」というようなステレオタイプ的な視点を社会が持ってしまうと，それは高齢者への社会的な役割を期待することにつながらない。

　周知のように，日本では健康寿命や平均寿命の延長とともに，40年以上にわたり少子化の傾向が進行しているが，高齢者には豊富な経験や知識があるので過去の経験の活用のみならず，能力に応じた新しいチャレンジも可能である。このため，高齢者に向けられる社会的な期待と役割は大きい。

第2章	高齢者の生活実態と社会環境

学びのポイント

　本章では，主に2つの学習のポイントを設定している。すなわち，（1）国や各種公的機関等が作成している高齢者に関する各種白書や調査報告書等から，高齢者の生活実態・動向と社会的課題を数値を用いて把握できること，（2）社会・環境的側面から捉えた高齢者の主な生活課題と支援上の留意点（ポイント）を理解することである。

1　人口・生活——各種統計にみる高齢者の生活実態と動向①

（1）高齢化をめぐる動向と将来予測

　日本の総人口は約1億2,623万人（2021年10月1日現在）だが，「日本の将来推計人口」（2017年）では，2053年に1億人未満になると予想されている。一方，
(1)
総務省の報道資料をみると，41年間連続で子どもの数が減少しているが（2022年4月現在，全都道府県での減少），65歳以上人口はおよそ2.5倍増加しており，少子高齢化が顕著である。
(2)
　『高齢社会白書　令和3年版』（内閣府）をみると，日本の総人口（2020年10月1日）のうち，65歳以上の高齢者（老年世代）は約3,619万人（高齢化率28.8％）で，4人に1人以上がすでに高齢者となっている。このうち，65〜74歳の総人口（前期高齢者）は1,747万人（男性835万人，女性912万人）と女性がやや多く，75歳以上総人口（後期高齢者）は1,872万人（男性739万人，女性1,134万人）で，ともに男女の開きが大きい。地域別の高齢化率では，2019年は秋田県37.2％で
(3)
最高，沖縄県22.2％が最低である。いずれにしろ，高齢化率は今後，すべての

都道府県で上昇し，2045年には秋田県50.1%で最高となり，最低と見込まれる東京都でさえ30.7%になると予想されている。⁽⁴⁾

　日本の高齢化率は今後，国際的にも高い水準を維持していくと予想されるが，前出「日本の将来推計人口」によると，65歳以上高齢者人口は2042年のピーク時まで増加傾向がみられ，高齢化率は2065年に38.4%まで上昇すると予想されている。⁽⁵⁾『高齢社会白書 令和3年版』では，将来，国民の2.6人に1人が65歳以上になり，65歳以上の1人に対する現役世代の比率は1.3人，平均寿命は男性84.9歳，女性は90歳を超えると予測されている。⁽⁶⁾

　一方，『厚生労働白書 令和2年版』にみる平均寿命は2019年で男性81.41歳，女性87.45歳となっており，2040年には男性83.27歳，女性89.63歳になると推計されている。⁽⁷⁾また，「令和3年度『出生に関する統計』の概況」にみる合計特殊出生率は2005年に1.26と過去最低となり，その後，2016年以降は再び低下して2019年で1.36となり，高齢化率を上昇させている。⁽⁸⁾

（2）日常生活の実態

1）老後の生きがい感

　『高齢社会白書 令和3年版』によると，60歳以上全体（1,367人）のうち，81.5%が「現在の生活に満足している」と回答しており，日常生活に満足している高齢者は多い。⁽⁹⁾また，「令和元年度 高齢者の経済生活に関する調査結果（概要版）」においても，60歳以上の男女の生きがい（喜びや楽しみ）を感じている程度について，回答者1,755人のうち，「十分感じている」が37.2%，「多少感じている」42.5%を合わせると約8割となり，「十分感じている」は女性40.5%，男性33.6%と女性の割合が高くなっている。⁽¹⁰⁾

　「令和2年度 第9回高齢者の生活と意識に関する国際比較調査結果」（2021年）によると，日本は生きがい（喜びや楽しみ）について回答者全体（1,367人）のうち，「多少感じている」が43.8%（598人），「大変感じている」が23.6%（322人）の順に多く，合計67.4%（920人）と全体の7割近くを占める。年代別では，「75～79歳」で「大変感じている」が30.7%（70人）が最も高い。また，

「大変感じている」と「多少感じている」の合計（「感じている」とする）は70歳代までは年代とともに高くなり，70歳代の「感じている」はおよそ7割（72.7％）を占める。しかし，80歳以上の「感じている」はおよそ6割（61.4％）まで低下し，「どちらとも言えない」22.5％（60人）となり，他の年代よりも高い割合を示した。つまり，80歳以上では年齢が増すにつれ生きがい感が低下しやすいとも考えられる。施設入所者の高齢者の生きがいを高めるような支援のあり方には未だに課題も多く，今後も重要になる。

2）外出・移動手段

「令和2年度 第9回高齢者の生活と意識に関する国際比較調査結果（全体版）」（2021年）によると，回答者全体（1,367人）のうち，「ふだん，外出する時に利用する手段」（複数回答）では「徒歩」49.1％（671人），「家族などの運転する自動車」27.3％（373人），「電車・地下鉄」27.4％（374人）などを利用する高齢者の割合が増加している。性別では，全回答者（男性651人，女性716人）のうち，「自分で運転する自動車」は男性が71.3％（464人），女性が40.1％（287人），「家族等が運転する自動車」は男性が13.2％（85人），女性が40.1％（287人）となり，年代別では，年代が高くなるほど「自分で運転する自動車」が低く，「家族などの運転する自動車」が高くなる傾向がみられる。特に80歳以上（267人）になると，「家族などの運転する自動車」が38.6％（103人）が「自分で運転する自動車が」20.6％（55人）を上回り，「バス・路面電車」と「タクシー」も年代が高くなるほど利用率が高い[12]。このことから，後期高齢者に対する移動支援の必要性が高くなりやすいと考えられる。

3）住環境

「平成30年度 高齢者の住宅と生活環境に関する調査結果」（2018年）によると，60歳以上の（1,870人）の住まいは，「持家（一戸建て）」が81.4％と最も多く，「賃貸住宅（アパート，マンション，公営・公団等の集合住宅）」が9.2％，「持家（分譲マンション等の集合住宅）」が6.8％，「賃貸住宅（一戸建て）」が2.1％の順に多い[13]。また，『高齢社会白書 令和3年版』による65歳以上の者のいる主世帯（2万2,534人）の住宅所有の状況においても「持ち家」82.1％が最多であるが，

65歳以上の単身主世帯の持家割合は66.2％で，65歳以上の者のいる主世帯総数に比べて割合が低くなっている。[14]

　国土交通省の「平成30年住生活総合調査結果」によると，「高齢者世帯（単身・夫婦）」が住宅や居住環境で重要に思うこととしては「日常の買物などの利便」が34.3％，「地震時の安全性」が31.3％，「治安」が30.8％，「医療・福祉・文化施設などの利便」が30.5％の順に多い（複数回答）[15]。特に高齢者世帯では，「高齢者への配慮（段差がない等）」「福祉・介護の生活支援サービス」「医療・福祉・文化施設などの利便」の重要性を感じている。「高齢者世帯」のうち，改善意向を持つ世帯の目的は「きれいにする（傷みを直す）」（単身62.6％，夫婦66.4％），「高齢期の住みやすさ」（単身48.9％，夫婦51.0％）の順に多い。

　高齢期の老化に伴う身体状況の変化は，それまで生活してきた住環境では困難が生じやすく，住宅改修や福祉用具が必要になることも多い。例えば住宅改修では段差解消，手すりや滑り止めの設置，和式トイレの洋式化等があり，福祉用具では歩行器・杖，介護用ベッド，入浴補助用具等がある。支援上の留意点としては，住宅改修や福祉用具の活用に関する各種制度（介護保険制度他）の知識と活用方法を理解しておくことがある。

4）就労・収入

①　高齢者の就労意欲と就労状況

　「労働力調査」によると，65歳以上の労働力人口は2011年（584万人）から2021年（929万人）まで増加し続けている[16]。「令和元年度　高齢者の経済生活に関する調査（概要版）」では，施設入所者を除いた全国の60歳以上の男女（1,755人）のうち，「収入を伴う仕事をしたい（したかったも含む）年齢」について，「65歳くらいまで」25.6％で最も多く，「70歳くらいまで」21.7％，「働けるうちはいつまでも」20.6％，「仕事をしたいと思わない」13.6％と続き，男性は「70歳くらいまで」が26.8％と，女性16.8％に比べて高い[17]。高齢社会対策基本法（1995年）では，高齢者になっても働き続けられる環境づくりに努めなければならないとされており，今後は労働者としての高齢者の役割が期待される。そのため，支援者には，高齢者の就労支援の知識も求められる。

②　高齢者の収入と構成

「2019年国民生活基礎調査の概況」によると，高齢者世帯の平均所得金額は約312.6万円である。これは高齢者世帯以外の世帯（659.3万円）の半分以下である。次に所得種類別の 1 世帯当たり平均所得金額の構成割合をみると，全世帯（ 5 万991世帯）では「稼働所得」が74.3％，「公的年金・恩給」が19.1％であるが，高齢者世帯（ 1 万4,063世帯）は「公的年金・恩給」が63.6％，「稼働所得」が23.0％となっている。「貯蓄」では全世帯（ 5 万991世帯）において，「貯蓄がある」が81.9％，その平均貯蓄額は1,077.4万円である。高齢者世帯は「貯蓄がある」が80.1％で，平均貯蓄額は1,213.2万円で全世帯の平均よりもやや多い。[18]つまり，高齢期の収入の多くは，「年金」と「貯蓄」が重要になっているといえる。

③　高齢者と生活保護

「生活保護の被保護者調査（令和 4 年 2 月分概数)」による生活保護の被保護者（保護停止中を含む）をみると，203万4,226人，人口100人当たりの保護率は1.62％となっている。世帯総数（保護停止中を含む）は163万3,865世帯で，世帯類型別では「高齢者世帯」55.4％が最多であり，その内訳は「単身世帯」が51.1％，「 2 人以上の世帯」が4.3％である。[19]

更に前出『高齢社会白書 令和 3 年版』における被保護者の推移をみると，65歳以上の生活保護受給者は104万人で増加傾向にある。[20]また，「2021年保護廃止世帯数（理由，世帯類型，構造別)」では，2018（平成30）年の高齢者世帯の保護廃止世帯（7,161件）は「死亡」（4,799世帯）が最多の67％を占めている。[21]このことから，今後の高齢者数の増加に伴い高齢者世帯の保護の割合も高くなることが考えられる。

5 ）社会参加

『高齢社会白書 令和 3 年版』によると，「60歳以上」の社会活動に取り組んでいる者（ 1 万2,612人）のうち，「60〜69歳」で71.9％，「70歳以上」の47.5％が「就労」「ボランティア活動」「地域社会活動（町内会，地域行事など)」「趣味やおけいこ事」を行っている。さらに70歳以上（6,991人）を性別でみると，男

性の51.7%，女性の44.2%が何かの活動や仕事をしている。「60歳以上」の社会活動をしていない人（5,180人）の理由は「健康上の理由，体力に自信がない」が34.6%，「時間的・精神的ゆとりがない」が25.4%，「団体内での人間関係がわずらわしい」が17.0%などである。なお，社会参加は高齢者の孤立を予防することにつながるため，今後に多様な参加のあり方を考える必要がある。

2　健康・疾病・自殺──各種統計にみる高齢者の生活実態と動向②

（1）健康寿命と体力

　『高齢社会白書 令和3年版』では，2019年時点の平均寿命は男性81.41歳，女性87.45歳である。先述のとおり，健康上の問題では日常生活が制限されずに生活できる期間である健康寿命は2016年で男性が72.14年，女性が74.79年で長期化の傾向にある。平均寿命と健康寿命の差は「不健康な期間」を意味するが，同年の不健康な期間は男性が8.84年，女性が12.35年で，2001年以降も大きな変化はみられない。一方，高齢者の体力は2019年の65歳以上の新体力テスト（握力，状態起こしなど）での合計点は上昇し，その向上がみられる。なお，2019年の運動習慣がある「65～74歳」と「75歳以上」の場合，性別では女性よりも男性の割合が高い状況にある。

（2）有訴者と疾病

　「2019年国民生活基礎調査の概況」によれば，人口1,000人当たりの有訴者（病気やけが等で自覚症状のある者）の有訴者率（人口1,000人当たりの病気やけが等で自覚症状のある者の比率）は302.5で，男性270.8，女性332.1と女性が多い。年齢階級別では年齢が高いほど上昇し，「80歳以上」で511.0となる。65歳以上の性別からみた有訴者率では，「足腰に痛み」（「腰痛」か「手足の関節が痛む」のいずれか若しくは両方の有訴者）が男女ともに最も多く，男性205.5，女性254.5である。また，65歳以上の有訴者率をみると，男性は「腰痛」「頻尿（尿の出る回数が多い）」「聞こえにくい」の順に多く，女性は「腰痛」「手足の関節が痛

図表2-1　疾病別・年齢階級別　こころの病気の患者数割合（2017年）

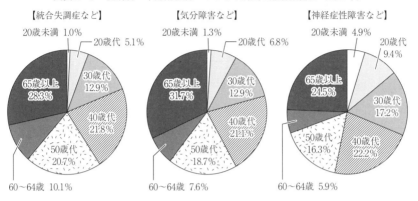

【統合失調症など】
20歳未満 1.0%
20歳代 5.1%
30歳代 12.9%
40歳代 21.8%
50歳代 20.7%
60～64歳 10.1%
65歳以上 28.3%

【気分障害など】
20歳未満 1.3%
20歳代 6.8%
30歳代 12.9%
40歳代 21.1%
50歳代 18.7%
60～64歳 7.6%
65歳以上 31.7%

【神経症性障害など】
20歳未満 4.9%
20歳代 9.4%
30歳代 17.2%
40歳代 22.2%
50歳代 16.3%
60～64歳 5.9%
65歳以上 24.5%

資料：厚生労働省政策統括官付保健統計室「患者調査」。
注：(1)患者数（総患者数）は，調査日現在において，継続的に医療を受けている者（調査日には医療施設で受療していない者を含む）の数を次の算式により推計したものである。
　　　総患者数＝入院患者数＋初診外来患者数＋（再来外来患者数×平均診療間隔×調整係数（6/7））
　　(2)2011年の数値は，宮城県の石巻医療圏，気仙沼医療圏及び福島県を除いた値である。
出典：厚生労働省『厚生労働白書　平成30年版』2018年，80頁。

む」「肩こり」の順に多い。[24]

　一方，疾病については，『高齢社会白書　平成29年版』における人口1,000人当たりの通院者は404.0（通院率）で，年齢階級が高いほど上昇しており，「80歳以上」は730.3である。65歳以上の入院・外来通院の受療率が高い主な傷病は外来通院で「高血圧性疾患」（男性1,373，女性1,682），「脊柱障害」（男性975，女性961），入院で「脳血管疾患」（男性398，女性434），「悪性新生物（がん）」（男性395，女性203）である。[25]

（3）自殺・うつ

　「令和3年中における自殺の状況」によると，自殺者数は2万1,007人（男性1万3,939人・女性7,068人）で男性が女性の約2倍を占めている。年齢階級別では「50歳代」が17.2%「40歳代」が17.0%，「70歳代」が14.3%，「60歳代」が12.6%の順である。自殺者は40～50歳代が多いが，60歳以上をみると，自殺者全体の26.9%を占め，日本の高齢者の自殺率は諸外国よりも高い傾向にある。

2021年に60歳以上で自殺に至った人は合計7,860人であり，原因・動機は「健康問題」が60.2%，「家庭問題」が14.9%，「経済・生活問題」が10.9%の順である。[26]

　また，国立精神・神経センター精神保健研究所の提供資料「高齢者の自殺の特徴」（厚生労働省，2005年）では60歳以上にみられやすい自殺（未遂含む）の背景として，健康状態の不調，家族の精神的負担，喪失感と孤立等の複合的な要因を起因とした，うつ病の存在が指摘されている。[27] なお，『高齢社会白書　平成30年版』による疾病別・年齢階級別の「こころの病気」（「統合失調症など」「気分障害など」「神経症性障害など」の3類型）における患者数の割合（2017年）は幅広い年齢層にみられるものの，3類型のすべてで「65歳以上」が最多である[28]（図表2-1）。

3　介護──各種統計にみる高齢者の生活実態と動向③

（1）要介護認定・介護予防

　「令和元年度介護保険事業状況報告（年報）」によると，要介護・要支援認定者（以下「認定者」）数は，2019年度末現在，約669万人となっている。[29] 第1号認定者のうち，前期高齢者（65〜75歳未満）約73万人に対し，後期高齢者（75歳以上）は約583万人である。第1号認定者に占める前期高齢者の割合は11.1%に対し，後期高齢者は88.9%と差が大きくなっている。40〜65歳未満の第2号被保険者を含む認定者の区分は「要支援1」が約93万人，「要支援2」が同94万人，「要介護1」が同135万人，「要介護2」が同116万人，「要介護3」が同88万人，「要介護4」が同82万人，「要介護5」が同60万人である。

　なお，介護予防では，「介護予防・日常生活支援総合事業等（地域支援事業）の実施状況（令和元年度実施分）に関する調査結果」によると，「通いの場」（介護予防に資する住民主体の通い場）への参加実人数は237万4,726人（高齢者人口の6.7%）で，うち前期高齢者が31.9%，後期高齢者が68.1%と後期高齢者が全体の3分の2を超える。参加者の性別は「男性」が19.9%，「女性」が80.1%

であり，女性が多くを占めている。⁽³⁰⁾

（2）介護需要・介護従事者

「令和2年介護サービス施設・事業所調査の概況」による介護サービス事業所数（30万5,536カ所。介護保険施設を含む）によると，居宅サービス事業所は「訪問介護」が11.5%（3万5,075カ所），「訪問看護ステーション」が4.1%（1万2,393カ所），「通所介護」が7.9%（2万4,087カ所）等となっている。また，地域密着型サービス事業所（総数：4万7,865カ所）は，「定期巡回・随時対応型訪問介護看護」が2.3%（1,099カ所），「看護小規模多機能型居宅介護」が1.5%（711カ所）などとなっており，特に「看護小規模多機能型居宅介護」の事業所数の増加が大きい。

一方，介護保険施設（1万3,702カ所）の状況は，「介護老人福祉施設（特別養護老人ホーム）」60.6%（8,306カ所），「介護老人保健施設（老人保健施設）」が31.4%（4,304カ所），「介護医療院」3.9%（536カ所），「介護療養型医療施設」4.1%（2023年度末，完全廃止予定：556カ所）となっており，施設別在所者数（92万5,626人）では，「介護老人福祉施設」59.0%（54万5,914人），「介護老人保健施設」36.1%（33万4,382人）等の状況である。

介護従事者について，『高齢社会白書 令和3年版』では，2019年度の介護職員数は2000年度の約3.8倍となる210.6万人に増加しており，介護関係職種の有効求人倍率も全職業の年平均の有効求人倍率よりも高い水準を維持している。⁽³²⁾しかし，「第8期介護保険事業計画に基づく介護職員の必要数について」（2021年3月）によると，2025年度に約243万人，2040年度に約280万人の介護職員が必要になると推計されており，⁽³³⁾将来の介護ニーズに応えるための担い手不足は深刻な問題となっている。

4　交通・犯罪——各種統計にみる高齢者の生活実態と動向④

（1）交通事故・運転免許

　近年，ブレーキとアクセルの踏み間違い，高速道路の逆走による追突事故等のように高齢者の交通事故が社会問題化している。また，自転車保険への加入の推奨や義務化，高齢者の免許返納問題等もマスコミなどで取り上げられているが，高齢者の居住地域によっては運転が生活上欠かせない。

　『交通安全白書　令和3年版』による年齢層別の交通事故死者数割合の長期的な推移では，1971年の全道路交通事故死者数に占める65歳以上は16.3％であったが，2020年では56.2％に上昇している。その状況として，歩行中および自転車乗用中の事故死者の約7割を65歳以上の高齢者が占め，交通事故重傷者の中では65歳以上が57.4％である。

　一方，「高齢運転者（第1当事者）の交通事故発生状況（2021年中）」では，2021年中の事故全体に占める高齢運転者（第1当事者）は15.8％（4,370人）でピーク時の18.1％（2019年）を若干下回り，減少傾向である。この警視庁の調査による高齢運転者の交通事故では脇見や考え事等による発見の遅れが最多の原因であり，通行目的は観光・娯楽，買物，訪問，送迎，通院等が大きな割合を占める。

　『交通安全白書　令和2年版』によれば，70歳以上の運転免許保有者は年々増加し続け（特に75歳以上），2019年は1,195万人で1975年の90倍弱となっている。75歳以上と75歳未満の運転者の死亡事故を比較すると，75歳以上では車両単独が多く，工作物衝突や路外逸脱の割合が高い。また，75歳以上は操作不適によるものが28％で最も多く，このうちハンドル操作不適が13.7％である。ブレーキとアクセルによる踏み間違い事故は，75歳未満は全体の0.5％であるが，75歳以上は7.0％と高くなっている。

図表 2-2　刑法犯　高齢者の検挙人員の罪名別構成比（男女別，令和2年）

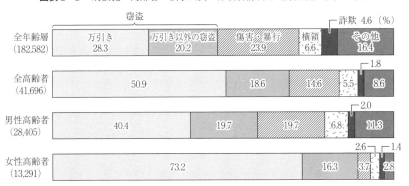

注：(1)警察庁の統計による。
　　(2)犯行時の年齢による。
　　(3)「横領」は，遺失物等横領を含む。
　　(4)（　）内は，人員である。
出典：法務省・法務総合研究所編『犯罪白書　令和3年版』2021年，209頁。

（2）犯　　罪

　近年，高齢者をめぐる犯罪に関しては，犯罪被害者のみではなく，加害者としても社会問題化されてきた。例えば『犯罪白書　平成20年版』では，高齢犯罪者の実態と処遇の特集が組まれており，その「はしがき」で「高齢者による犯罪を防止し，高齢犯罪者の更生を図ることは，我が国の刑事政策上の重要課題の一つである」と記載されている[37]。

　『犯罪白書　令和3年版』にみる高齢犯罪者の検挙人員は，2008年にピーク（4万8,805人）を迎えた後に高止まりしたのち，2016年から減少傾向にある。2020年の高齢者の検挙人数は4万1,696人となり，70歳以上では3万1,180人（74.8％）となった[38]。全年齢層との比較では，高齢者では窃盗の割合が高く，なかでも高齢女性の約9割が窃盗（万引きが約8割）を占めている（図表2-2）。また，刑法犯および特別法犯（道交犯除く）全体からみた起訴猶予率は他の年齢層よりも高いが，高齢入所受刑者の増加傾向がみられ，特に70歳以上の入所受刑者人員の増加は顕著である[39]。

　近年の詐欺の手法も複雑化しており，高齢者は特殊詐欺（振り込め詐欺，リフ

ォーム詐欺等）等，悪質商法による犯罪被害者になりやすい。同白書による高齢犯罪被害者の状況では，人が被害者となった刑法犯認知件数の総数における65歳以上の割合は16.3％となっており，罪名別では詐欺（47.0％），殺人（26.8％），横領（20.5％）の順に多くなっている。

　独立行政法人国民生活センターの報告書によると，2020年度に全国の消費生活センターに寄せられた相談のうち，契約当事者が60歳以上の件数は約34万件（相談全体の約41％）となっている。国民生活センターによる60歳以上の契約当事者のトラブルの傾向として，①通信販売に関する相談の増加（過去最高），②店舗購入や訪問販売，電話勧誘販売の相談の減少，③架空請求相談の大幅減少，④健康食品等の定期購入に関する相談の増加，⑤情報通信関連の相談が非常に多いこと，⑥高齢になるにつれ，訪問販売や電話勧誘販売等の相談割合が高いことが示されている。

　『犯罪白書 平成30年版』をみると，福祉的支援を必要とする高齢犯罪者への対策には一定の成果がみられ，今後もさらに継続・発展させていくことが重要であるとしている。さらに高齢犯罪者の支援・指導に携わる実務者からは，高齢出所者の多くが孤独感や社会の役に立ちたいという願いを抱きつつも，自ら社会の中で仲間を作ることは不得手で，何らかの形で地域とつながることが必要だと指摘する声があると述べられている。

5　介護をめぐる社会・環境的課題

（1）8050問題

　「8050問題」とは，親が80歳代，その子どもが50歳代による組み合わせで，介護やひきこもりなどの複合課題を抱える家族問題を意味する。すなわち，成人した子どもと高齢の親との間で生じる生活問題に対する象徴的表現といえる。成人した子どもの目線でとらえれば，親の介護のための自身の離職，解雇，ひきこもりなどによる家庭内トラブルや経済的な困窮等がイメージされる。

　近年，日本では65歳以上のみの者で構成する高齢者世帯の増加とともに，高

齢期以前の年齢層の未婚化（例：20〜40歳代等）も進行している。このため，今後は配偶者がいない人々が増加し，高齢の親と成人した未婚の子の同居世帯の増加が見込まれる。特に未就労や所得がない子どもと年金生活を中心とする親（高齢者）の同居の場合では，親の病気や要介護状態をきっかけとする貧困問題や親子関係の不調和，孤立等の発生が予想される。

（2）ヤングケアラー

　ヤングケアラーは法令上，明確な定義はないが，一般社団法人日本ケアラー連盟は，「家族にケアを要する人がいる場合に，大人が担うようなケア責任を引き受け，家事や家族の世話，介護，感情面のサポートなどを行っている，18歳未満の子どものこと」と解釈している。[43]

　この問題に関し，（株）日本総合研究所は全国から抽出した350の小学校と小学校6年生を対象とする調査結果等について，2022年に報告書を発行している。[44]それによると，「小学生が世話に費やす時間が長時間になるほど，学校生活等への影響が大きく，本人の負担感も重くなることが確認された」とされている。さらに調査結果の要点として，①「ヤングケアラー」の概念を知る学校は約9割，②ヤングケアラーと思われる子どもがいる学校は34.1％，③家族の世話をしていると回答した小学生は6.5％，④世話を要する家族は「きょうだい」が71.0％，「母親」が19.8％などが記載されている。なお，高校生では「祖母」のケアが多いとの報告もある。[45]

　ヤングケアラーには，年齢や成長に見合わないような家族のケアに対する重い責任や負担がある。しかし，日常生活で18歳未満の子ども（特に低年齢層）が家事や家族のケアの中心として継続的に行い，常態化することは，子どもの育ち（学習，部活動，遊び等）に影響が生じる危険性がある。さらには家庭内が閉鎖的になりやすい，本人や家族に自覚がない，相談しないこと等の理由で援助（支援）が届かないこともある。近年では群馬県高崎市のように，様々な公的機関等が相談窓口の拡充を図っており，ヤングケアラー家庭への無料のホームヘルパー派遣等も開始されており，今後の広がりが期待される。

（3）ダブルケア

　子育て世代の親が直面する問題の一つで，育児と介護を同時期に取り組む，いわゆる「ダブルケア」がある。内閣府の委託調査（2016年）では，ダブルケアを「ふだん育児をしている」と「ふだん家族の介護をしている」の両方を同時に満たす者としている。

　ダブルケアの人口推計は約25万人（うち女性17万人，男性8万人）である。その傾向としては，男女とも30〜40歳代が全体の約6〜7割を占め，うち「育児」と「介護」の両方を主に担っているのは「女性」48.5％，「男性」32.3％となっている。なお，ダブルケアへの社会的支援は全国的な取り組みにまで至っていないものの，京都市のように啓発活動や支援者拡充に取り組んでいる自治体もある[46]。

（4）老老介護・認認介護

　老老介護とは，高齢者が高齢者の介護を行うことを意味し，配偶者間，または親子間，兄弟姉妹間等の状況がある。これには健康な高齢者が要介護高齢者の介護をしたり，両者とも要介護（または要支援等）状態で互いに介護をすることもある。また，認認介護は認知症高齢者間での介護を意味する。

　「2019年国民生活基礎調査の概況」によると，同居の家族・親族による在宅の老老介護は，「65歳以上同士」59.7％，「75歳以上同士」33.1％で過去最多となり，かつ増加傾向にある。主な介護者は「同居の配偶者」23.8％，「同居の子ども」20.7％，「別居の家族等」が13.6％等であるが，介護者と要介護者の同居割合は減少傾向にある[47]。「認認介護」の統計的実態は不明であるが，認知症全体の推移からは今後の増加が推測される。認認介護は，介護者同士の判断能力の低下がみられるために相談につながりにくく，孤立を招きやすい。このため，問題が深刻化した後の対応になりやすく，見守りを通じた予防・早期対応が重要になる。

（5）認知症高齢者の家族介護者の負担と介護殺人・心中

1）認知症高齢者の家族介護者の負担

　高齢者のみの世帯では，介護者の体力的な限界だけではなく，心理的，精神的なストレスも生じやすい。認知症高齢者には様々な中核・周辺症状を引き起こすため，対応に苦慮する家族介護者が多い。これに関し，政令市の中で最も高齢化が高い北九州市の介護支援専門員（ケアマネジャー）に対し，認知症高齢者と同居する介護家族に関する意識調査が行われている。その結果，「認知症がない高齢者」の同居家族よりも「認知症がある高齢者」の同居家族（介護家族）の方が「精神的疲労」「睡眠・自由時間」「仕事と介護の両立」「家事等」「介護方法」に関する課題を抱えやすく，介護者が1人になりやすい傾向や将来への不安が大きいことなども明らかになっている[48]。

2）介護殺人・介護心中（＊搾取等の悪意があるものを除く）

　介護殺人は，高齢者を介護している同居家族によるものが中心である。『犯罪白書　平成30年』によると，「近年，殺人において70歳以上の検挙人員が増加傾向にあり，高齢者率が高まっている」と説明されており，殺人を犯した高齢者の約9割には前科がみられないとしている。また，介護殺人の被害者との関係は親族殺が約7割を占めており，このうち，配偶者殺では男性が高く，被害者の約5割が精神，または身体的な障害を有し，約3割が要介護・寝たきりや認知症であると指摘されている[49]。

　これらの背景には先が見えない将来悲観，自暴自棄，介護疲れや問題の抱え込みといった事情があるとしている。なお，介護者による要介護者との心中は殺人であるが，温情的な判決も多数みられている。この背景には，熱心に介護をした結果，介護者が限界を迎えたり，要介護者から依頼されたりすることで，仕方なく殺人・心中を図る状況等が考えられる。また，熱心に介護に取り組んだ結果，出口が見えない状況に陥り，介護心中を図る事例も散見されている。

（6）行方不明

　「令和2年における行方不明者の状況」によると，20歳代の行方不明者が最

多ではあるが，2020年の60歳代以上の行方不明者数は２万7,332人で行方不明者全体の35.5％を占める。中でも，「70歳代」は2016年以降に継続的に増加し，2020年には「80歳以上」の１万2,403人よりは少ないものの，１万487人となっている。

　行方不明者全体における原因・動機について，「疾病関係」が２万3,592人（30.6％）と最多である。このうち，「認知症又はその疑いによるもの」は１万7,565人で，「疾病関係」を100％とした場合の74.5％を占めることになる。また，行方不明者全体で「疾病関係」の次に多いのは「家庭関係」となっている。[50]特に高齢者では認知症による徘徊に伴う行方不明者や死者（徘徊死）の増加が懸念される。

（7）高齢者虐待（養護者と養介護施設従事者等）

１）養護者による高齢者虐待

　高齢者虐待は，主に養護者（主に家庭内）と要介護施設従事者等による虐待に分類できる。「令和２年度『高齢者虐待の防止，高齢者の養護者に対する支援等に関する法律』に基づく対応状況等に関する調査結果」によると，養護者による相談・通報件数と虐待判断件数はやや増加傾向にある。また，相談・通報者は「警察」31.2％が最多で，以下，「介護支援専門員」25.4％，「家族・親族」8.1％に続く。虐待種別（複数回答）では，「身体的虐待」68.2％，「心理的虐待」41.4％の順である。

　高齢者虐待の被虐待者は，「女性」75.2％であり，年齢では「80〜84歳」23.6％，「75〜79歳」20.9％である。中でも「虐待者のみと同居」が52.4％，被虐待者と虐待者の同居の合計で88.4％を占める。また，被虐待者における要介護認定者のうち，認知症高齢者の日常生活自立度Ⅱ以上は72.2％を占めている。虐待者の状況は「息子」39.9％が最多で，以下，「夫」22.4％，「娘」17.8％の順に多く，年齢は「50歳代」25.8％が最多となり，「70歳代」16.7％，「40歳代」16.2％，「60歳代」15.5％の順に多い。[51]

2）養介護施設従事者等による虐待

　養介護施設従事者等とは，主に居宅系・入所系を含めた高齢者関係（介護保険事業関連が中心）の多様な事業・施設の従事者を意味する。先の同省の調査結果では，養介護施設従事者等による高齢者虐待の相談・通報件数と虐待判断件数は，2019年までは増加傾向であったものの翌2020年度は減少している。

　相談・通報者全体の中では，「当該施設職員」が26.7％と最多で，以下，「当該施設管理者等」が14.5％，「家族・親族」13.9％の順であった。

　施設・事業所種別での虐待は，「特別養護老人ホーム（介護老人福祉施設）」28.2％，「有料老人ホーム」27.1％，「認知症対応型共同生活介護」13.9％の順に多い。また，虐待種別（複数回答）では「身体的虐待」が52.0％と最多で，以下，「心理的虐待」26.1％，「介護等放棄」23.9％の順である。

　なお，被虐待高齢者1,232人をみると，「女性」が69.4％を占め，年齢別では「85〜89歳」22.7％，「90〜94歳」22.3％で被虐待者の認知症日常生活自立度Ⅱ以上は69.6％である。ちなみに，特定された虐待者（740人）のうち，「40歳代」15.8％，「30歳代」15.0％，「50歳代」14.7％，「30歳未満」13.0％，「介護職」79.1％であった。このような状況を受け，同省は2022年3月，「高齢者虐待の状況等を踏まえた対応の強化について」を各都道府県に通知し，対応の強化を図っている。

6　高齢者の社会環境からみた生活課題と支援者の留意点

（1）居住地域から生じる課題と留意点

　居住地域・環境の問題から生じやすい高齢者の生活課題は様々である。なぜなら，人口，高齢化率，気候，文化，居住地区等の環境の影響を受けやすいからである。具体的には，公共交通機関やスーパーマーケット，病院等が近隣に存在しない，あるいはそこまでのアクセスが困難な地域（例：人口が少ない山村・農村・離島等），大雪や台風等の自然災害が生じやすい地域，1軒家（例：山の中腹や離島等）で近隣に住民が居住していない地区，高齢化や過疎化で要介

護高齢者と介護家族の世帯が集中し，互いにコミュニケーションが取りにくい環境等が想定される。

　支援者の留意点としては，地域診断・地域アセスメントを行い，高齢者のニーズや課題の把握，地域に不足する支援の開発促進等がある。

（2）人間関係に関する課題と留意点

　高齢期には人間関係の希薄化が生じやすく，大きくは①家族との希薄化，②家族以外との希薄化に分類ができる。

　①家族については，特に子ども夫婦世帯と高齢者が別居している場合では，距離的問題や子育てに負担が大きく子どもに頼りにくいこと等が希薄化の要因となり得る。②では，人と会うのがおっくう，近隣に人が住んでいない，ADL の低下により近所までの歩行が困難，関係性を形成できる機会がないなどの理由が考えられる。

　支援者の留意点としては，高齢者と別居家族の間のコミュニケーション支援，家族以外では介護・福祉系 NPO（特定非営利活動）法人や社会福祉協議会，ボランティア団体，町内会・自治会等の組織の活用のほか，民生・児童委員，近隣住民等からの声かけ・見守り体制の形成等がある。

（3）収入に関する課題と留意点

　マスコミなどでは過去に「老後2,000万円必要」という報道もみられた。高齢期には，仕事を定年退職して賃金収入がなくなり，貯金や資産，年金を活用した生活に移行しやすい。このため，老後を年金のみの収入で生活する高齢者や生活保護を受ける高齢者世帯も現実に多くなっている。収入の減少による生活苦は，高齢者の万引き等の犯罪が後を絶たないことからもうかがえる。

　高齢期の収入減少は，日常生活での節約が求められることにつながる。しかし，郊外に設置されやすい格安ディスカウントストアでの購入には交通費の負担が生じ，個人商店や各種宅配サービスは高額になりやすいという課題もある。さらには，状況によって物価上昇，医療・介護費の増加によりサービスの購入

をあきらめる高齢者の増加も懸念される。

　支援者の留意点としては，金銭の使い方を見直す，リバースモゲージ（不動産担保式融資）や資産活用に関する情報提供，各種の負担軽減制度，低所得者対策や生活保護制度等の把握がある。

（4）就労・社会参加に関する課題と留意点

　日本はアメリカ，カナダ，イギリスなどとは異なり，様々な企業で年齢による退職制度が導入されている。近年，再雇用を含めて雇用年齢は引き上げ傾向にあるものの，社会側からの強制的な要請として捉えることもできる。60歳や65歳等での定年退職を迎えることは，自由時間が増加し，新たな生活が始まることになる。と同時に，社会的地位，収入，やりがいや責任感，他者との交流の減少等のように様々な複合喪失も生じやすい環境になる。

　支援者の留意点として，高齢者の希望や収入，身体的状況にもよるが，高齢者の就労支援制度（雇用者向けの補助制度を含む）やシルバー人材センター等の支援機関を把握しておくことがある。この背景には，近年，社会参加という側面よりも，年金の不足分の生活費への補完としてコンビニエンスストアや飲食店等に就労する高齢者も多いことがある。これは，高齢者の健康寿命や平均寿命の増加，就労ニーズの存在のみならず，国による納税者の確保や労働者不足への対応も迫られていることから，能力を活用した就労高齢者の今後の増加が見込まれる。このほか，退職後に失われやすい社会参加の機会については，ボランティア活動，老人クラブへの加入，いきいきサロンの活用，介護予防・健康教室，各種サークル等も自治体や社会福祉協議会等で実施されており，適切な利用支援も留意する必要がある。

注

(1)　国立社会保障・人口問題研究所「日本の将来推計人口」『人口問題研究資料』336, 2017年，2頁（https://www.ipss.go.jp/ppzenkoku/j/zenkoku2017/pp29_ReportALL.pdf, 2022年5月23日アクセス）。

(2)　総務省「我が国のこどもの数『人口推計』から」2022年（https://www.stat.go.

jp/data/jinsui/topics/pdf/topics131.pdf，2022年 5 月24日アクセス）。

⑶　内閣府『高齢社会白書 令和 3 年版（概要版）』（PDF 版），4 頁（https://www8.
cao.go.jp/kourei/whitepaper/w2021/gaiyou/pdf/1s1s.pdf，2022年 5 月24日アクセス）。

⑷　内閣府『高齢社会白書 令和 3 年版（全体版）』（PDF 版），11頁（https://www8.
cao.go.jp/kourei/whitepaper/w2021/zenbun/pdf/1s1s_04.pdf，2022年 5 月24日 ア
クセス）。

⑸　国立社会保障・人口問題研究所「日本の将来推計人口」『人口問題研究資料』第
336号，2017年，11頁。

⑹　内閣府『高齢社会白書 令和 3 年版（全体版）』（PDF 版），4 頁（https://www8.
cao.go.jp/kourei/whitepaper/w2021/zenbun/03pdf_index.html，2022年 5 月24日 ア
クセス）。

⑺　厚生労働省『厚生労働白書 令和 2 年版（本文）』2020年，13頁（https://www.
mhlw.go.jp/wp/hakusyo/kousei/19/dl/ 1 -01.pdf，2022年 5 月24日アクセス）。

⑻　厚生労働省「令和 3 年度『出生に関する統計』の概況」2021年，2 頁（https://
www.mhlw.go.jp/toukei/saikin/hw/jinkou/tokusyu/syussyo07/dl/gaikyou.pdf，
2022年 5 月23日アクセス）。

⑼　内閣府『高齢社会白書 令和 3 年版（概要版）』（PDF 版），7 頁（https://www8.
cao.go.jp/kourei/whitepaper/w2021/gaiyou/pdf/1s3s.pdf，2022年 5 月23日アクセス）。

⑽　内閣府『令和元年度高齢者の経済生活に関する調査結果（概要版）』2019年，12
頁（https://www8.cao.go.jp/kourei/ishiki/r01/gaiyo/index.html，2022年 5 月23日
アクセス）。

⑾　内閣府「令和 2 年度第 9 回高齢者の生活と意識に関する国際比較調査結果（概要
版）」2020年，92頁（https://www8.cao.go.jp/kourei/ishiki/r02/gaiyo/pdf/s2-8.pdf，
2022年 5 月23日アクセス）。

⑿　同前，72頁。

⒀　内閣府「平成30年度高齢者の住宅と生活環境に関する調査結果（概要版）」2018
年，53頁（https://www8.cao.go.jp/kourei/ishiki/h30/gaiyo/pdf/22_juutaku_b.pdf，
2022年 5 月23日アクセス）。

⒁　内閣府『高齢社会白書 令和 3 年版（全体版）』（PDF 版）2021年，43頁（https://
www8.cao.go.jp/kourei/whitepaper/w-2021/zenbun/pdf/1s2s_04.pdf，2022年 6 月
2 日アクセス）。

⒂　国土交通省住宅局「平成30年住生活総合調査結果」2020年，91-93頁（https://
www.mlit.go.jp/jutakukentiku/house/content/001358448.pdf，2022年 5 月24日アク
セス）。

⒃　総務省「労働力調査（基本統計）」2022年，1 頁（https://www.stat.go.jp/data/roudou/sokuhou/nen/ft/pdf/index1.pdf，2022年 5 月23日アクセス）。

⒄　内閣府「令和元年度高齢者の経済生活に関する調査結果（概要版）」2019年，22頁（https://www8.cao.go.jp/kourei/ishiki/r01/gaiyo/pdf/sec_ 2 _2.pdf，2022年 6 月 2 日アクセス）。

⒅　厚生労働省「2019年国民生活基礎調査の概況」2019年，9 ・11-12頁（https://www.mhlw.go.jp/toukei/saikin/hw/k-tyosa/k-tyosa19/dl/03.pdf，2022年 5 月23日アクセス）。

⒆　厚生労働省 報道資料「生活保護の被保護者調査（令和 4 年 2 月分概数）」2022年，1 頁（https://www.mhlw.go.jp/toukei/saikin/hw/hihogosya/m2022/dl/02-01.pdf，2022年 6 月 2 日アクセス）

⒇　内閣府『高齢社会白書 令和 3 年版（全体版）』（PDF 版）2021年，20頁（https://www8.cao.go.jp/kourei/whitepaper/w2021/html/zenbun/s1_ 2 _1.html，2022年 5 月23日アクセス）。

㉑　国立社会保障・人口問題研究所『2021年保護廃止世帯数（理由，世帯類型，構造別）』2021年（https://www.ipss.go.jp/s-info/j/seiho/seiho.asp，2022年 5 月23日アクセス）。

㉒　内閣府『高齢社会白書 令和 3 年版（全体版）』（PDF 版）2022年，39頁（https://www8.cao.go.jp/kourei/whitepaper/w2021/html/zenbun/s1_ 2 _3.html，2022年 5 月23日アクセス）。

㉓　内閣府『高齢社会白書 令和 3 年版（全体版）』（PDF 版）2021年，6 頁（https://www8.cao.go.jp/kourei/whitepaper/w2021/html/zenbun/s1_ 2 _2.html，2022年 5 月23日アクセス）。

㉔　厚生労働省「2019年国民生活基礎調査の概況」2019年，17・35頁（https://www.mhlw.go.jp/toukei/saikin/hw/k-tyosa/k-tyosa19/dl/14.pdf，2022年 6 月 2 日アクセス）。

㉕　内閣府『高齢社会白書 平成29年版（全体版）』（PDF 版）2017年，22頁（https://www8.cao.go.jp/kourei/whitepaper/w2017/zenbun/pdf/1s2s_03.pdf，2022年 5 月23日アクセス）。

㉖　厚生労働省自殺対策推進室・警察庁生活安全局生活安全企画課「令和 3 年中における自殺の状況」2022年，22頁（https://www.npa.go.jp/safetylife/seianki/jisatsu/R04/R3jisatsunojoukyou.pdf，2022年 5 月23日アクセス）。

㉗　厚生労働省（2005年）「高齢者の自殺の特徴（国立精神・神経センター精神保健研究所提供資料）」（https://www.mhlw.go.jp/file/06-Seisakujouhou-12200000Shakaiengokyokushougaihokenfukushibu/s- 5 _3.pdf，2022年 5 月23日アクセス）。

⒇　厚生労働省『厚生労働白書　平成30年版』（PDF 版）2018年，80頁（https://www.mhlw.go.jp/wp/hakusyo/kousei/18/dl/1-01.pdf，2022年 6 月 2 日アクセス）。

⒇　厚生労働省「令和元年度介護保険事業状況報告（年報）」2019年，7 頁（https://www.mhlw.go.jp/topics/kaigo/osirase/jigyo/19/dl/r01_gaiyou.pdf，2022年 5 月24日アクセス）。

⒇　厚生労働省「介護予防・日常生活支援総合事業等（地域支援事業）の実施状況（令和元年度実施分）に関する調査結果」2019年，6 - 8 頁（https://www.mhlw.go.jp/content/12300000/000750956.pdf，2022年 5 月24日アクセス）。

⒇　厚生労働省「令和 2 年介護サービス施設・事業所調査の概況」2020年，3 - 4 頁（https://www.mhlw.go.jp/toukei/saikin/hw/kaigo/service20/dl/kekka-gaiyou_1.pdf，2022年 5 月24日アクセス）。

⒇　内閣府『高齢社会白書　令和 3 年版（全体版）』（PDF 版）2021年，37-38頁（https://www8.cao.go.jp/kourei/whitepaper/w-2021/zenbun/pdf/1s2s_02.pdf，2022年 5 月24日アクセス）。

⒇　厚生労働省「第 8 期介護保険事業計画に基づく介護職員の必要数について」2021年，別紙 1 （https://www.mhlw.go.jp/stf/houdou/0000207323_00005.html，2022年 5 月24日アクセス）。

⒇　内閣府『交通安全白書　令和 3 年版』（PDF 版）2021年，76-77頁（https://www8.cao.go.jp/koutu/taisaku/r03kou_haku/pdf/zenbun/1-1-1.pdf，2022年 5 月24日アクセス）。

⒇　警視庁「防ごう！高齢者の交通事故！」（https://www.keishicho.metro.tokyo.lg.jp/kotsu/jikoboshi/koreisha/koreijiko.html#cmsC45AD，2022年 5 月24日アクセス）。

⒇　内閣府『交通安全白書　令和 2 年版』2020年，20-23頁（https://www8.cao.go.jp/koutu/taisaku/r02kou_haku/pdf/zenbun/f-1.pdf，2022年 5 月23日アクセス）。

⒇　法務省・法務総合研究所編『犯罪白書　平成20年版』2008年（https://www.moj.go.jp/content/000010210.pdf，2022年 5 月24日アクセス）。

⒇　法務省・法務総合研究所編『犯罪白書　令和 3 年版』2021年，208-209頁（https://www.moj.go.jp/content/001365733.pdf，2022年 5 月24日アクセス）。

⒇　同前書，210-211頁。

⒇　同前書，263頁。

⒇　独立行政法人国民生活センター，報道発表資料「2020年度にみる60歳以上の消費者トラブル」（2021年 9 月 2 日公表），1 ・ 4 ・ 5 頁（https://www.kokusen.go.jp/pdf/n-20210902_1.pdf，2022年 5 月25日アクセス）。

⒇　法務省・法務総合研究所編『犯罪白書　平成30年版』2018年（https://hakusyo1.

moj.go.jp/jp/65/nfm/n65_2_7_6_4_1.html，2022年 5 月24日アクセス）。

⒀　日本ケアラー連盟「ヤングケアラーとは」（https://carersjapan.com/about-carer/young-carer/，2022年 5 月24日アクセス）。

⒁　日本総合研究所「令和 3 年子ども・子育て支援推進調査研究事業」ヤングケアラーの実態に関する調査研究 報告書」2022年，2 - 3 頁（https://www.jri.co.jp/MediaLibrary/file/column/opinion/detail/2021_13332.pdf，2022年 5 月24日アクセス）。

⒂　濱島淑恵・宮川雅充「高校におけるヤングケアラーの割合とケアの状況」『厚生の指標』65（ 2 ），2018年，22-29頁。

⒃　内閣府「育児と介護のダブルケアの実態に関する調査」（内閣府委託調査）株式会社 NTT データ経営研究所，2016年，1 -21頁（https://www.gender.go.jp/research/kenkyu/pdf/ikuji_point.pdf，2022年 5 月24日アクセス）。

⒄　厚生労働省「2019年国民生活基礎調査の概況」2020年，25-26頁（https://www.mhlw.go.jp/toukei/saikin/hw/k-tyosa/k-tyosa19/dl/05.pdf，2022年 5 月24日アクセス）。

⒅　相浦京子「北九州市における認知高齢者の現状と家族支援の課題」2016年度 福岡県立大学大学院（社会福祉専攻）修士論文，25頁。

⒆　法務省・法務総合研究所編『犯罪白書 平成30年』2018年（「 2 　殺人」より）（https://hakusyo1.moj.go.jp/jp/65/nfm/n65_2_7_6_3_2.html，2022年 5 月24日アクセス）。

⒇　警察庁生活安全局生活安全企画課「令和 2 年における行方不明者の状況」2021年，2 - 3 頁（https://www.npa.go.jp/publications/statistics/safetylife/R02yukuefumeisha.pdf，2022年 5 月24日アクセス）。

㉑　厚生労働省「令和 2 年度『高齢者虐待の防止，高齢者の養護者に対する支援等に関する法律』に基づく対応状況等に関する調査結果」（添付資料）（https://www.mhlw.go.jp/content/12304250/000871877.pdf，2022年 5 月24日アクセス）。

㉒　介護系 NPO（特定非営利活動）法人は，高齢者に対するさまざまなボランタリーな生活支援サービスをニーズに応じてつくり出す視点が強い（本郷秀和研究代表：「地域包括ケアシステム推進下における介護系 NPO の役割」（2019～2023年度予定，文部科学省科研費補助金【基盤研究 C】，途中経過）。

参考文献

厚生労働省『厚生労働白書 令和 2 年版』2020年。
厚生労働省『自殺対策白書 令和 3 年版』2021年。
厚生労働省政策統括官「令和元年度国民生活基礎調査」2021年。
内閣府『高齢社会白書 令和 3 年版』2021年。
内閣府『交通安全白書 令和 3 年版』2021年。

「利用者の今」として，筆者の経験を基に簡単な架空事例を紹介する。以下の事例を通じ，身体的側面，精神・心理的側面，社会・環境的側面に関する問題のいずれか 1 つが要因となり，高齢者の課題が他の 2 つの側面へと連鎖的・複合的に引き起こされやすいことをイメージとして学んでほしい。

① ADL の変化から生じた精神・心理的変化と社会・環境的変化のイメージ（84歳・女性）

脳梗塞をきっかけに「要介護 3 」で車いす生活になり，趣味の外出ができなくなった。外出という楽しみがなくなった結果，ふさぎこむようになり，うつ病を発症。さらに生活意欲の低下により，身の回りの掃除や家事等もしなくなり，衛生状態が悪化してきた。

② 精神・心理的変化から生じた身体的変化と社会・環境的変化イメージ（68歳・女性）

以前から不仲であった単身赴任の夫が退職した。経済的理由等もあり，その後 2人で同居することになった。家庭内では，夫による命令口調に加え，食事や掃除に対する激しい文句を日々受け続けている。また，妻は次第に夫の要望に応えられないことへの自責感が増加し，それを契機に嚥下障害や頻回の動悸，めまいを発症した。と同時に，趣味の美術鑑賞や友人との食事会にも全く行けなくなった。

③ 社会・環境的変化から生じた身体的変化と心理・精神的変化のイメージ（72歳・男性）

70歳でパートの警備員を離職。特に地域の行事等もなく，することがなく部屋でテレビばかり見ている。日中は，あまり動こうとせずに家にいる。最近，他県の弟（67歳）ががんで亡くなったとの連絡があり，ふさぎ込むようになった。次第に「面倒くさい」「明日死ぬと思う」等の発言を繰り返し，体調不良を訴えるようになった。

<table>
<tr><td>第3章</td><td>高齢者福祉の歴史</td></tr>
</table>

学びのポイント

　日本の高齢者福祉は，貧困層への救済という救貧思想から個人に対する生存権保障へと移行してきた。さらに，近年においては自立支援や重度化防止，介護予防の取り組みにおけるアウトカム（結果）評価がみられる。そこで，本章ではその発展過程をたどりながら，高齢者福祉の理念である人権の尊重，尊厳の保持，老人福祉法から介護保険法における変遷を学ぶ。

1　高齢者福祉の理念

（1）人権の尊重

　人権とは人間が人間らしく生きる権利であり，生まれながらにして持つ権利である。また，権利は単なる個人的要求ではなく，その要求は正しいものであるため，法によって認められている。高齢者は介護の際に虐待を受けたり，消費者被害を受ける等の事件が発生している。その高齢者が生き生きと暮らせる社会の実現のため，高齢者の人権を護る法律が整備されている。人権や権利はそれを保障・実現する責任および義務と対になった「制度」の中に位置づけられる。[1]

（2）尊厳の保持

　尊厳とは相手を尊重することである。尊重する事柄は自由であり，自己決定である。ちなみに，日本国憲法第13条では「すべて国民は，個人として尊重される」と定め，また，同法第24条2項では「個人の尊厳」に触れている。この

ことは介護保険法第1条でも要介護状態となった高齢者等の「尊厳の保持」が明確化されている。ただ，この場合の「尊厳」はいわゆる「人間の尊厳」と「個人の尊厳」に分けて考えることがある。

個人は，国家や社会，その他の集団を構成している存在であり，個々に特有の尊厳を持つ。尊厳は多様で異なった内容を持つため，個々の置かれた状況によって違う。そうした尊厳自体の多様性を認めながら対応していくことが重要となる。

一方，社会福祉法第3条は「福祉サービスは，個人の尊厳の保持を旨」としている。また，社会福祉士及び介護福祉士法第44条の2では社会福祉士及び介護福祉士は「その担当する者が個人の尊厳を保持」することを規定している。

とりわけ，施設における自由権の制約については必要最小限度の制約を意識しなければならない。自由権の享受は誰であっても同じように認められる必要がある。それは援助関係においても同様である。

しかし，現実には施設利用者は援助者に対して弱い立場にある。こうした援助者と利用者のパワーバランスにおいて，そもそも援助者は職業的立場から利用者よりも優位に立っている[(2)]。そのため，援助関係における尊厳は互いに尊重されるべきでありながら，力の不均衡も忘れてはならない。

（3）老人福祉法，介護保険法における理念

1）老人福祉法の理念

老人福祉法第1条で「この法律は，老人の福祉に関する原理を明らかにするとともに，老人に対し，その心身の健康の保持及び生活の安定のために必要な措置を講じ，もつて老人の福祉を図ることを目的とする」と定める。さらに，基本的理念として第2条で「老人は，多年にわたり社会の進展に寄与してきた者として，かつ，豊富な知識と経験を有する者として敬愛されるとともに，生きがいを持てる健全で安らかな生活を保障されるものとする」と規定している。

ただし，老人福祉法はそもそも高齢者の健康の保持，生活の安定，社会参加の促進が基本理念であり，高齢者の介護が目的ではなかった。

2）介護保険法による理念

　介護保険法第1条で「この法律は，加齢に伴って生ずる心身の変化に起因する疾病等により要介護状態となり，入浴，排せつ，食事等の介護，機能訓練並びに看護及び療養上の管理その他の医療を要する者等について，これらの者が<u>尊厳を保持</u>し，その有する能力に応じ<u>自立した日常生活を営むことができる</u>よう，必要な保健医療サービス及び福祉サービスに係る給付を行うため，国民の共同連帯の理念に基づき介護保険制度を設け，その行う保険給付等に関して必要な事項を定め，もって国民の保健医療の向上及び福祉の増進を図ることを目的とする」（下線筆者）としている。もっとも，このように介護保険法においても「尊厳を保持し，その有する能力に応じ自立した日常生活を営むこと」が介護保険制度の目的である。

2　高齢者福祉制度の発展過程

（1）福祉三法の時代——1940年

　1946年，「無差別平等」を明記した生活保護法（旧法）が施行された。さらに生存権，保護請求権，保護の水準，不服申し立て制度を明記した新生活保護法が1950年5月に公布，施行された。この時期，高齢者の援護は主に生活保護法により経済的困窮者のみを対象とし，居宅保護，または「養老施設」によって対応していた。養老院を利用できるのは経済的困窮と住まいの困窮が重複した一人暮らし高齢者等に限られていた。生活保護法による保護施設としての養老施設は1963年の老人福祉法の成立まで続いた。このような時代背景から，養老院利用においては保護施設的な意味合いによる偏見があった。

　1940年代においては1946年の生活保護法と合わせ，1947年，児童福祉法，1949年，身体障害者福祉法が制定され，<u>福祉三法</u>の時代となった。

（2）社会福祉事業法成立——1950年代

　その後，1951年に社会福祉事業法が成立し，全国各市および都道府県に町村

を管轄する福祉事務所が設置され，保護および措置が公平に担われる体制整備が進められた。また，社会福祉事業法により都道府県と市町村に民間の社会福祉活動を支援する社会福祉協議会（社協）がつくられた。さらに，1958年には全国民が加入する医療保険制度が実施された。これによって国民皆保険が実現した。

　当時の高齢者福祉施策は，ごく一部の低所得者を対象に生活保護法に基づいて養老施設に収容保護する事業が中心となっていた。なぜなら，当時は多世代同居が一般的であり，高齢者の世話は家族の仕事と考えられていたからである。

（3）老人福祉法の制定──1960年代

　1960年代になると，養老事業の中で寝たきり老人の問題が表面化した。当時の厚生省は病弱者に対する静養室の必要性を挙げ，整備基準について検討している。寝たきり老人に対するケアは民間の養老事業関係者の中にも取り組まれ，1961年には年金保険制度も開始された。それは高齢者全員が年金を受け取ることをめざした制度で，国民皆年金といわれる。

　1963年，老人福祉法が制定された。同法には具体的な施策として，老人福祉施設の設置や健康診査の実施，社会参加の奨励などが盛り込まれた。このうち，老人福祉施設については，生活保護法に位置づけられてきた養老施設が養護老人ホームという類型で引き継がれたほか，新たに特別養護老人ホームと軽費老人ホームが付け加えられた。養護老人ホームが，養老施設の流れを汲み，経済的に困窮している高齢者を対象としていたのに対し，特別養護老人ホームは心身の障害が著しいため，常時介護を必要とするにもかかわらず，居宅において養護を受けることが困難な高齢者を入所対象とした。これによりこれまでの低所得者を保護する救貧背策の枠を超え，加齢に伴う一般的な介護ニーズを制度の対象として位置づけることになった。

　しかし，老人福祉法におけるサービス提供の費用は基本的に税金で賄われた。また，介護サービスを利用できるのは行政が決めた基準に当てはまる一部の高齢者に限られた。

このような中，1961年に静岡県細江町（現・浜松市北区）で設置された養老施設「十字の園」は老人福祉法の制定に伴い，全国第 1 号の特別養護老人ホームとなった。これまで生活保護法による養老施設となっていた養老院は老人福祉法による福祉の措置に代わり，養護老人ホーム，特別養護老人ホーム，軽費老人ホームの 3 種類の老人福祉施設に区分された。

現在のホームヘルプサービスに当たる老人家庭奉仕員派遣事業が制度化された。もっとも，こうした施設やサービスを利用するためには所得制限があった。

1960年の知的障害者福祉法，1963年の老人福祉法，1964年の母子及び寡婦福祉法とともに福祉六法の体制が整備された。老人福祉分野においては，市の福祉事務所に老人福祉主事が置かれるようになった。このころから一人暮らし高齢者や寝たきりの人を訪問し，日常生活用具の給付，ヘルパーの派遣や老人ホームの入所措置が行われるようになっていった。

1968年，全国社会福祉協議会（全社協）が居宅寝たきり老人実態調査を行い，その生活実態の深刻さが明らかになった。この調査結果が注目され，寝たきり高齢者に関する対策が進められるようになった。

すべての国民について医療費保障の制度が整備されたが，1960年当時の保険給付率は 5 割であり，残り 5 割の自己負担が必要であった。このため，寝たきり老人が入院することは容易なことではなかった。1960年代前半，岩手県沢内村（現・西和賀町）で老人医療費の公費負担事業が最初に実施された。1969年に秋田県と東京都が老人医療費の無料化に踏み切ったことを契機に，各地の自治体がこの動きに呼応し，老人医療費無料化の制度改正へと結実していった。

（4）老人医療費無料化──1970年代

日本の高齢者人口（65歳以上）は1970年に 7 ％を超え，高齢化社会となった。1973年は「福祉元年」と呼ばれ，高度経済成長を背景に老人医療費支給制度等が施行され，福祉政策が充実した年となった。時は高度経済成長期にあった。この高度経済成長に支えられ，1973年から老人医療費は無料化されることになった。

具体的には，70歳以上の高齢者に対し，医療費の自己負担相当額を公費で肩代わりするというものであった。もっとも，本人やその配偶者，扶養義務者の所得が一定以上ある場合は対象とならなかったが，この制度によって老人の入院が促進されるようになったのはいうまでもない。

　その後，病院病床の多くが老人によって占められるようになる一方，介護サービスを必要とする高齢者が家庭や福祉施設に受け皿がないため，病院への入院を余儀なくされたり，福祉施設との費用負担の格差や手続きの容易さから入院を選択せざるを得なくなり，「社会的入院」を助長しているとの指摘がされるようになった。なぜなら，老人医療費支給制度を導入して以降，老人医療費は著しく増大することになったからである。

　そこで，1977年，中央社会福祉審議会老人福祉分科会「今後の老人ホームのあり方について」という意見具申で，老人ホームを収容の場から生活の場に変えていくことが議論され始めた。すなわち，1970年代半ばごろまで施設整備に重点が置かれていたが，それ以降は住み慣れた地域での生活を支援する観点から，在宅福祉の重要性の認識が高まっていった。また，老人福祉法制定以降，家庭奉仕員制度の発足や寝たきり老人対策，一人暮らし老人対策が実施されるようになった。さらに，1973年には寝たきり老人短期保護事業（ショートステイ事業）が開始。1979年にデイサービス事業が開始された。

　こうして在宅福祉三本柱（ホームヘルプサービス，ショートステイ，デイサービス）が整備される。これまで施設福祉を補完するものとされてきた在宅福祉が，施設福祉と並ぶ地位に位置づけられていった。もっとも，オイルショックが起きると日本の経済成長が鈍化し，1970年代後半になると「高齢者の社会的入院」が問題になってきた。医療費の無償化によって不要不急の受診，入院が増えたことで医療費の膨張を招く結果となったのである。

（5）老人保健法の制定──1980年代

　1982年に老人保健法が制定され，老人福祉法第10条の2（老人医療費の支給）が削除された。そして，1983年から老人医療は一部負担制度が導入された。こ

うして高齢者の医療においては，老人福祉法で規定される公費負担から，老人
保健法で規定される一部負担（社会保険）へと移行していった。老人保健法は
2008年，後期高齢者医療制度と健康増進法にそれぞれ受け継がれて現在に至っ
ている。

　一方，特別養護老人ホームは措置施設と位置づけられていた。措置施設とは，
行政機関の責任で高齢者を施設に収容することを意味する。措置は，運営費の
8割を国が負担するという高率の国庫負担と深く関わっている。国庫負担率8
割の措置費の高さは，生活保護法における養老施設の時代と近いものであった。
このため，措置施設という性格上，利用者は保護的な客体として捉えられてい
った後，利用者の主体性が獲得されるまで時間がかかることになった。

　1986年1月の社会保障制度審議会（現・社会保障審議会）で重度の要介護高齢
者のため，福祉と医療の機能を併せ持った中間施設の設置が議論され，老人保
健法改正を機に老人保健施設として明文化された。1989年には「高齢者保健福
祉推進十か年戦略（ゴールドプラン）」が打ち出され，老人保健福祉施策の緊急
整備を目指すことになった。ちなみに，1987年5月，社会保障制度審議会に社
会福祉士及び介護福祉士法が制定され，国家資格を有する専門職として社会福
祉士と介護福祉士が誕生した。

　1980年代の特徴としては，従来の低所得層に力点が置かれた政策から福祉の
普遍化が図られた点にある。インフォーマル部門の活用，シルバーサービスの
評価，有料老人ホームの広がりは現在の潮流につながっている。さらに，社会
福祉は市町村を基盤とし，施設福祉から在宅福祉を軸としたものに重点を移す
ことになった。

（6）　福祉関係八法改正──1990年代

　1990年，老人福祉法の一部が改正された。これに伴い，①特別養護老人ホー
ム等への入所決定等の事務を都道府県から従来の市を含め，町村に移譲，②居
宅における介護等（ホームヘルパー等）の在宅福祉サービスの積極的推進，③市
町村および都道府県老人福祉計画の策定等の改正が行われた。同時に，老人保

健法の一部改正で老人保健計画の策定が義務づけられ，老人福祉計画と一体的に策定が行われることになった。

そして，1994年，「高齢者保健福祉推進十か年戦略の見直し（新ゴールドプラン）」が打ち出された。さらに，1994年には老人福祉施設に老人（在宅）介護支援センターが追加された。1990年代に入るとバブル経済が崩壊し，日本経済は停滞期に移行することになった。そして，高齢者に対する社会保障給付費が増大する一方，税収が落ち込み，抜本的な改革が求められてきた。

（7）介護保険法の制定——2000年代

2000年，介護保険制度が創設され，「高齢者保健福祉推進10ヵ年戦略（ゴールドプラン21）」が策定された。また，社会福祉基礎構造改革が推進されることになった。この介護保険法の施行によって介護サービスは，措置制度から契約制度へと転換され，老人福祉法が担ってきた役割の多くは介護保険法に移行した。もっとも，老人福祉法による措置制度の役割は消失していない。「やむを得ない事由」によって介護保険サービスが利用できないとき，市町村の職権によるサービスが提供されている。

具体的には，高齢者虐待への対応において老人福祉法の措置に基づくサービス提供がされており，市町村の役割は現代的には重要度を増している。さらに，2005年には「高齢者虐待の防止，高齢者の養護者に対する支援等に関する法律（高齢者虐待防止法）」が制定された。2005年の介護保険法改正では中学校通学区域（中学校区）を単位として整備しつつあった老人（在宅）介護支援センター再編の形で地域包括支援センターが創設された。その後の2011年の改正では介護予防・日常生活支援総合事業の導入，続く2014年の改正では特別養護老人ホームの新規入所者を原則「要介護3」以上に定められた。

注
(1) 中村剛「尊厳と人権の意味」『社会福祉学』58(1)日本社会福祉学会，2018年，6頁。

⑵　山本克司「老人福祉施設における関係者の人権意識から考察する人権の法的問題
　への対応」『人間関係学研究』17（2），2011年，1 -11頁。

参考文献

小笠原祐次「老人福祉法20年の回顧と展望」『月刊福祉』66（9），全国社会福祉協議
　会，1983年。

厚生省『厚生白書 平成12年版』2000年。

厚生労働省「令和3年度介護報酬改定に向けて（自立支援・重度化防止の推進）」
　2020年。

武川眞固「人間の尊厳と自立の在り方──憲法学的視点から」『高田短期大学介護・
　福祉研究』3，2017年。

中村剛「尊厳と人権の意味」『社会福祉学』58（1），日本社会福祉学会，2018年。

三浦文夫「『老人福祉法』30年」『社会福祉研究』58，鉄道弘済会，1983年。

宮武正明「わかりやすい老人福祉の歴史」『ゆたかなくらし』6月号，時潮社，2004
　年。

森幹郎「老人福祉法20年の回顧と展望」『社会福祉研究』33，鉄道弘済会，1983年。

山本克司「老人福祉施設における関係者の人権意識から考察する人権の法的問題への
　対応」『人間関係学研究』2011年。

　日本の高齢者福祉は貧困層への救済という救貧思想から，個人に対する生存権保障へと移行してきた。とくに近年においては自立支援や介護予防の取り組みの強化がみられる。高齢化の進展に伴い，国は健康寿命の延伸をめざしている。高齢者に対してはフレイル対策（運動，口腔，栄養等）を進め，介護予防と保健事業の一体的実施を進めようとしている。

　介護保険法において，「尊厳を保持し，その有する能力に応じ自立した日常生活を営むこと」が介護保険制度の目的となっていることからも，自立支援・重度化の防止に向けた取り組みが重要とされる。

　介護報酬においては自立支援，重度化の防止に向けた取り組みを進める観点から，介護サービスの質の評価に関する取り組みやリハビリテーション・機能訓練等に加え，口腔や栄養の充実に向けた取り組みの推進が図られている。介護サービスの質の評価においては評価の視点としてストラクチャー（構造），プロセス（過程），アウトカム（結果）等の評価が進められている。とくにアウトカム評価においては，サービスによりもたらされた利用者の状態変化等（在宅復帰等）による評価が注目されている。2018年度介護報酬改定においては日常生活動作（ADL）の維持・改善につながった利用者が多い通所介護事業所を評価するADL維持等加算が導入されている。このような取り組みは科学的な裏づけに基づく介護が不可欠であることから，国は2020年の法改正で介護関連データの収集情報の拡充（リハビリや高齢者の状態・ケアの内容，介護予防等）を行っている。

　介護の現場は高齢者の生活の場でもあるため，生活の視点を重視し，社会参加の状況など生活の中での本人の状態や日中の過ごし方などの情報について，データの収集および活用が議論されている。今後は特別養護老人ホーム等でも自立支援・重度化防止の取り組みが推進され，アウトカム評価による加算の進展により，元気になって自宅に戻る場としての再編が進むと考えられる。

<table>
<tr><td>第4章</td><td>高齢者に対する法制度</td></tr>
</table>

学びのポイント

　高齢者福祉は，老人福祉法だけではなく様々な法制度によって構成されている。例えば，介護に対しては，介護保険法。医療に対しては，高齢者医療確保法。虐待に対しては，高齢者虐待防止法。バリアフリーに対しては，バリアフリー新法。住まいに対しては高齢者住まい法。雇用に対しては，高年齢者雇用安定法等である。本章では，このような法制度の成立の背景について概観し，法制度の内容について理解する。

1　介護保険法

（1）介護保険法成立の背景

1）介護保険法が成立するまでの経緯

　介護保険制度の創設の検討が始まったのは1990年代である。検討が始まった背景には高齢化の進展に伴う要介護高齢者の増加や核家族化による家族の介護機能の低下などがある。日本は1994年，高齢化率14％を超えて高齢社会となった。また，それまで介護を担ってきた家族については，同居率が1980年に約70％であったものが1990年に60％となり，介護保険制度が始まる1999年には50％を下回るようになった。このような状況下で要介護高齢者の介護が社会的な問題として取り上げられ始め，新しい介護システムの検討が始まった。

　介護保険制度の創設へ向けて動き出したのは，1994年３月に発表された厚生大臣（現・厚生労働大臣）の私的諮問機関である高齢社会福祉ビジョン懇談会による報告書「21世紀福祉ビジョン——少子・高齢社会に向けて」である。同報告書では21世紀に向けた福祉の構想が示された。そのなかで介護については，

介護を要する高齢者が増大することを見据えて，国民の誰もが住み慣れた地域で必要な介護サービスをスムーズに手に入れられる介護システムの必要性が示された。

　これを受け，同年12月に新しい介護システムとして公的介護保険制度の創設を提言したのが，厚生省（現・厚生労働省）に設置された高齢者介護・自立支援システム研究会による報告書「新たな高齢者介護システムの構築を目指して」である。この報告書では，高齢者の介護をめぐる問題点を整理した上で，高齢者の自立支援を基本理念とし，従来の制度を再編成して社会保険方式の導入を中心とした新しい介護システムの構想を提言した。

　この提言を受け，政府においても本格的な介護保険制度の議論が開始されることになった。1995年2月から厚生大臣の諮問機関である老人保健福祉審議会において高齢者の介護に関する審議が行われ，途中，2回の報告書の提出を経て，1996年4月に最終報告書「高齢者介護保険制度の創設について」がまとめられた。さらに，1995年7月の社会保障審議会による勧告「社会保障制度の再構築――安心して暮らせる21世紀の社会をめざして」においても公的介護保険の導入が提言され，この勧告が決め手となり社会保険方式か公費方式かの議論に決着がつくことになった。

　これらを踏まえて，1996年6月に介護保険法案を国会に提出しようとしたが，関係者からの同意を得ることができずに見送られた。その後，関係者間の意見調整が行われ，同年11月「介護保険関連3法案（介護保険法案，介護保険法施行案，医療法の一部を改正する法律案）」が国会に提出され，1997年12月に介護保険法が成立し，2000年4月から介護保険制度が施行されることになった。

2）介護保険制度の創設と介護保険法改正の方向性

　2000年4月から施行された介護保険制度は，それまで老人福祉法と老人保健法によって提供されていた介護サービスを介護保険制度に再編成し，行政がサービスを決定していた措置制度は，利用者が自らサービスを選んで利用する契約制度へと移行した。また，社会保険方式を導入することで給付と負担の関係が明確となり，介護サービスに対する権利性を確立することになった。これ

により介護サービスの利用者は大きく拡大していくことになった。

　施行後 3 年が経過した2003年には，中長期的な介護保険制度の課題や高齢者介護のあり方について検討するため，厚生労働省に高齢者介護研究会が設置され，同年 6 月に報告書「2015年の高齢者介護」が提出された。この報告書は，多くの子どもが産まれた団塊世代が65歳になる2015年を目標として，実現すべきことを念頭に置いて高齢者介護に求められる課題を明らかにしたものである。具体的には，「介護予防・リハビリテーションの充実」「生活の継続性を維持するための新しい介護サービス体系」「新しいケアモデルの確立：痴呆性高齢者ケア」「サービスの質の確保と向上」である。この提言に基づいて介護保険法が改正されることになった。

（2）介護保険法と介護保険制度の概要
1）介護保険制度の目的

　このような介護保険法の成立によって創設された介護保険制度は，介護が必要となる状態になっても，安心して生活を送ることができるよう，社会保険の仕組みを用いて，社会全体で介護が必要な人を支える制度である。日本では，医療，年金，労災，雇用に続く 5 番目の社会保険となる。その目的については，介護保険法の第 1 条において次のように規定されている。

　　「この法律は，加齢に伴って生ずる心身の変化に起因する疾病等により
　　要介護状態となり，入浴，排せつ，食事等の介護，機能訓練並びに看護及
　　び療養上の管理その他の医療を要する者等について，これらの者が尊厳を
　　保持し，その有する能力に応じ自立した日常生活を営むことができるよう，
　　必要な保健医療サービス及び福祉サービスに係る給付を行うため，国民の
　　共同連帯の理念に基づき介護保険制度を設け，その行う保険給付等に関し
　　て必要な事項を定め，もって国民の保健医療の向上及び福祉の増進を図る
　　ことを目的とする。」

この条文から導かれる目的としては，1つ目に「介護の社会化」が挙げられる。介護の社会化とは，高齢期における不安要因の一つである介護問題に対し，社会保険によって社会全体で介護が必要な人を支える仕組みを構築することである。介護の社会化により介護に対する不安を払拭することで高齢者が安心して生活できる社会をつくり，さらに，家族などの介護者の負担軽減を図ることを目的としている。

　2つ目に「自立支援」が挙げられる。自立支援とは，介護が必要な状態になっても介護サービスを利用することでその有する能力に応じ，可能な限り自立した生活を送ることである。それまでの介護サービスは介護自体が目的となっており，介護サービスを受けて自立するという考え方はなかった。介護保険制度では，介護サービスを受けることで自分の生活の仕方や人生のあり方を自分の意思で選択し，より質の高い生活を送ることを目的としている。

　3つ目に「利用者本位のサービス」が挙げられる。それまでの介護サービスは，老人福祉法によって行政が介護の必要性を判断する措置制度で行われてきた。そのため，自分の意思でサービス利用や方法を決めることができなかった。介護サービスに社会保険方式を導入することで，利用者は希望する事業者と直接契約を結ぶ利用契約制度に移行することになった。また，利用者が適切な介護サービスを受けることができるよう，ケアマネジメントの手法も導入されることになった。

　4つ目に「社会保険方式の導入」が挙げられる。介護サービスに社会保険方式を導入することで介護サービスの給付と負担の関係性を具体化し，保険料負担に対する見返りとして介護サービスが受けられる，という権利性を明確にした。また，今後，高齢者が増加することで見込まれる介護費用に対し，社会全体で保険料を拠出することで安定的な財源を確保することも社会保険方式の導入の目的であった。

2）介護保険制度の基本的な仕組み

　介護保険制度とは，社会保険方式によって介護サービスを提供する仕組みである。社会保険方式とは，政府や自治体，または公的団体が保険者となり，保

険の技術を用いて保険料を財源として給付を行う仕組みである。この保険の技術とは，生活上で起きる共通のリスク（保険事故）に備え，人々が集まって集団をつくり，あらかじめ保険料という形で被保険者が負担し合い，集めた保険料（保険財源）からリスクに遭った人に対し，必要な金銭やサービスを給付（保険給付）することである。これを介護保険制度に照らし合わせると，以下のとおりとなる。

① 保険者

介護保険制度を運営する保険者は市町村（東京23区の特別区も含む）である。

② 被保険者

介護保険制度に加入する被保険者は，65歳以上の第1号被保険者，40歳以上65歳未満の第2号被保険者となる。

③ 保険事故

介護保険制度では，被保険者が要介護・要支援認定を受け，要介護状態または要支援状態にあると認められた場合となる。

④ 保険財源

介護保険制度の財源は，利用者が支払う利用者負担を除いた費用に対し，国，都道府県，市町村からの公費（税金）が50％，保険料が50％と2分の1ずつ負担する。

⑤ 保険給付

介護保険制度の保険給付は，要介護状態に給付される介護給付，要支援状態に給付される予防給付の2つに分けることができる。さらに，保険者である市町村が独自に行う保険給付として市町村特別給付がある。

以上が基本的な仕組みとなる。なお詳細については各項でみていくことにする。

3）介護保険法はどのように改正されてきたのか

現在の介護保険制度は，3年を1期として法律の改正が行われているが，施行当初は5年を1期としていた。この背景には介護保険制度の施行後に利用者が急増したことや急速に進む高齢化に対応することがあり，2005年から3年を

1期と介護保険法を改正している。

① 2005年の改正

2005年の改正では，制度開始以降，軽度の利用者が著しく増加しており，介護サービスの利用が要介護状態の改善に結びついていないことを受けて改正が行われた。

具体的には，「予防重視型システムへの転換」「施設給付の見直し」「新たなサービス体系の確立」「サービスの質の確保・向上」である。

ⅰ 予防重視型システムへの転換

制度施行後に「要支援1～2」「要介護1」の軽度の利用者の増加が著しかったことから，従来の予防給付に対して再編が行われ，要支援が「要支援1」と「要支援2」に分けられた。

ⅱ 施設給付の見直し

居宅と施設の負担の公平性の観点から，それまで保険給付で行われていた施設の居住費と食費を保険給付の対象外とし，利用者負担とした。

ⅲ 新たなサービス体系の確立

住み慣れた地域で生活を継続できるようサービス体系の見直しが行われ，新たなサービス体系として地域密着型サービスが創設された。同時に地域包括支援センターが設置された。

ⅳ サービスの質の確保・向上

サービスの質の確保・向上として，利用者が適切にサービスを選択できるよう，すべての介護サービス事業者に対して情報開示を徹底することが行われた。また，介護支援専門員（ケアマネジャー）に対し，更新制を設けることになり，5年ごとに更新研修を受けなければならないことになった。

② 2008年の改正

2008年の改正は，当時の介護業界において最大の企業であったコムスンの不正行為の問題が明らかになったことを受け，介護保険サービス事業者に対する改正が中心となっている。

具体的には，「法令遵守等の業務管理体制の整備」「事業者の本部等に対する

立入検査権等の創設」「不正事業者の処分逃れ対策」である。

① 法令遵守等の業務管理体制の整備

　介護保険サービス事業者に業務管理の整備を義務づけ，その内容を厚生労働大臣，都道府県知事，または市町村長に届出をしなければならなくなった。

② 事業者の本部等に対する立入検査権等の創設

　事業者の組織的な関与が疑われる場合に対し，国，都道府県，市町村による事業者の本部への立入検査権が創設された。

③ 不正事業者の処分逃れ対策

　事業者の処分逃れを防ぐため，事業所の廃止，休止届の提出について，それまでの事後届出制から廃止，休止の 1 カ月前までに届け出る事前届出制に変更した。

　③　2011年の改正

　2011年の改正は，社会保障審議会介護保険部会の議論から，地域全体で支える体制が不十分であることが明らかになったことを受け，地域包括ケアシステムの実現に向けた取り組みが進められた。

　具体的には，「地域包括ケアの推進」「24時間対応の定期巡回・随時対応サービスや複合型サービスの創設」「介護予防・日常生活支援総合事業（総合事業）の創設」である。

① 地域包括ケアの推進

　地域包括ケアの推進では，介護が必要な人が住み慣れた地域で安心して暮らし続けることができるよう，医療，介護，予防，住まい，生活支援のサービスが切れ目なく，一体的に提供される地域包括ケアシステムの構築が進められた。

② 24時間対応の定期巡回・随時対応サービスや複合型サービスの創設

　重度者などの介護が必要な人の在宅生活を支える24時間対応の定期巡回・随時対応サービスや，従来の小規模多機能型居宅介護に訪問看護も提供できるようにした複合型サービスを地域密着型サービスに位置づけた。

③ 介護予防・日常生活支援総合事業（総合事業）の創設

　市町村の判断により，要支援者や二次予防事業対象者向けの介護予防サービ

スや生活支援サービスを総合的に実施できる介護予防・日常生活支援総合事業（総合事業）を創設した。

④　2014年の改正

2014年の改正は，2012年から始まった社会保障と税の一体改革に基づいて行われた。この改革を受け，2014年の改正では「地域包括ケアシステムの構築」と「費用負担の公平化」を柱として改正が行われた。地域包括ケアシステムの構築に対する取り組みが⒤と⒤となり，費用負担の公平化に対する取り組みが⒤と⒤となる。

⒤　サービスの充実

地域包括ケアシステムの構築に向けて地域支援事業を充実させるため，新たな包括的支援事業として在宅医療・介護連携推進事業，生活支援体制整備事業，認知症総合支援事業，地域ケア会議推進事業を設けた。

⒤　サービスの重点化・効率化

サービスの重点化・効率化として，予防給付の見直しと新しい介護予防・日常生活支援総合事業の創設が行われた。このうち，予防給付の見直しでは，要支援者に対する訪問介護と通所介護を予防給付から市町村が地域の実情に応じて取り組みができる地域支援事業へ移行した。新しい介護予防・日常生活支援総合事業では，2011年の改正で創設された介護予防・日常生活支援総合事業を任意事業からすべての市町村で実施する新総合事業とした。

⒤　低所得者の保険料軽減の拡充

低所得者の保険料を軽減する割合をより広くして充実することになり，それまで6段階で行われていたものを9段階に見直すことになった。

⒤　費用負担の重点化・効率化

一定以上の所得がある高齢者については，サービス利用料の自己負担の割合を1割から2割とした。また，市町村税非課税世帯である施設の入居者の居住費と食費については，申請に基づいて負担軽減となる補足給付を行ってきたが，資産も勘案することになった。

⑤　2017年の改正

2017年の改正では，保険者の取り組みを推進して地域包括ケアシステムの強化を図るとともに，介護保険制度の持続可能性を高めることが求められた。これを受けて，2017年の制度改正では，「地域包括ケアシステムの深化・推進」と「介護保険制度の持続可能性の確保」を柱として改正が行われた。地域包括ケアシステムの深化・推進に対する取り組みが⒤から⒤となり，介護保険制度の持続可能性の確保に対する取り組みが⒤と⒱となる。

⒤　自立支援・重度化防止に向けた保険者機能の強化等の取り組みの推進

保険者が策定する市町村介護保険事業計画において，高齢者の自立支援・重度化防止等に向け，具体的な対策や達成目標を盛り込むことが義務づけられた。

⒤　医療・介護の連携の推進等

今後，長期に渡り医療ニーズと介護ニーズを併せ持つ利用者の増加が見込まれることから，長期療養の機能と生活施設の機能を兼ね備えた新たな介護保険施設として介護医療院が創設された。

⒤　地域共生社会の実現に向けた取り組みの推進等

地域共生社会のビジョンに基づく「丸ごと」支援として，高齢者と障害児者が同一事業所でサービスを受けやすくするため，介護保険制度と障害福祉制度にまたがるサービスとして新たに共生型サービスを創設した。

⒤　3割負担の導入

2014年の制度改正では，一定以上の所得がある高齢者に対し，サービス利用料の自己負担割合を1割から2割とした。2017年の制度改正では，そのなかでも特に所得が高い高齢者の自己負担割合を2割から3割とした。

⒱　介護納付金への総報酬割の導入

40歳以上65歳未満の第2号被保険者の介護保険料となる介護納付金は，今まで各公的医療保険の加入者数に応じて負担していたが，これを給与などの報酬額に応じた総報酬割とした。

⑥　2020年の改正

最後に，直近の2020年の改正である。2020年の改正は「地域共生社会の実現

のための社会福祉法等の一部を改正する法律」に基づき，社会福祉法を中心とした改正と合わせて制度改正が行われた。改正の議論は地域共生社会の実現と高齢者の数が最も多くなる2040年への備えとして行われ，自己負担2割の範囲の拡大，被保険者範囲・受給者範囲を40歳以上から拡大，ケアマネジメントに自己負担導入などの「給付と負担の見直し」が検討された。

　しかし，「高額介護サービス費の見直し」「補足給付における食費の見直し」のみとなり，多くが見送られることになった。

① 高額介護サービス費の見直し

　介護保険制度では，利用者負担が高額にならないよう，1カ月の負担限度額を設けている。それまで現役並み所得者がいる世帯（年収約383万円以上）は，一律月額4万4,400円としていたものを細分化し，年収約770万円から約1,160万円を月額9万3,000円，年収約1,160万円以上を月額14万100円とした。

② 補足給付における食費の見直し

　介護保険施設における食費や居住費については，低所得者の負担軽減を目的に補足給付を行っている。この補足給付について現行3段階で行っているものをさらに細分化し収入に応じたものとした。[3]

（3）介護報酬の概要

1）介護サービス事業者に支払われる介護報酬

　介護保険制度において，介護サービス事業者が利用者に介護保険サービスを提供した際，サービス費用の1割（一定以上の所得がある者は2割，または3割）については利用者が自己負担し，残りのサービス費用については保険者から支払われることになる（実際に支払い業務を行っているのは国民健康保険団体連合会である）。そして，この保険者から介護サービスを提供した対価として介護サービス事業者に支払われる費用を介護報酬という。

　介護報酬の算定は，介護給付費単位数表に定められた単位数を基に1単位の単価に乗じて計算される。介護報酬は単位を基に算定され，各サービスについては，介護給付費単位数表に単位数が定められている。介護給付費単位数表は，

図表 4 - 1　地域区分別 1 単位の単価

地域区分	1級地	2級地	3級地	4級地	5級地	6級地	7級地	その他
地　　域	東京23区	多摩市, 狛江市, 横浜市, 川崎市, 大阪市	千葉市, さいたま市, 鎌倉市, 八王子市, 名古屋市など	浦安市, 相模原市, 神戸市など	成田市, 京都市, 堺市, 広島市, 福岡市など	仙台市, 宇都宮市, 静岡市, 奈良市など	札幌市, 新潟市, 岡山市, 北九州市など	その他の市町村
上乗せ割合	20%	16%	15%	12%	10%	6 %	3 %	0 %
訪問介護・訪問看護・居宅介護支援など	11.40円	11.12円	11.05円	10.84円	10.70円	10.42円	10.21円	10.00円
通所リハビリテーション・複合型サービスなど	11.10円	10.88円	10.83円	10.66円	10.55円	10.33円	10.17円	10.00円
通所介護・短期入所生活介護・特定施設入居者生活介護・介護老人福祉施設など	10.90円	10.72円	10.68円	10.54円	10.45円	10.27円	10.14円	10.00円

　出典：厚生労働省「地域区分について」より筆者作成。

　指定居宅サービスに要する費用の額を算定するための指定居宅サービス介護給付費単位数表，指定居宅介護支援などに要する費用の額を算定するための指定居宅介護支援介護給付費単位数表，指定施設サービス等に要する費用の額を算定するための指定施設サービス等介護給付費単位数表等によって構成されている。

　1 単位の単価については 1 単位を原則10円としているが，サービスの種類や事業所・施設の所在地により上乗せされる。その上乗せ率を示したのが，図表 4 - 1 となる。区分は 7 区分からなり，最も上乗せ率が高いのは東京23区で20％，最も低い 3 ％まで上乗せされる。上乗せされた市町村をみると，都市部の市町村の方が上乗せ率が高くなっていることがわかる。これは都市部と地方を比較した場合，都市部は建物の賃貸料や人件費など事業コストが高くなることや地域による介護職員，看護職員の確保に地域差があることを考慮しているためである。

　このように算定される介護報酬の単位数については常に一定ではなく，厚生労働大臣が社会保障審議会介護給付費分科会に意見を求め，3 年ごとに定める

図表 4 - 2　介護保険サービスの単位数を決める要素

	サービス内容	所要時間	要介護度	サービス規模	事業所の形態
訪問系 サービス	○	○			
通所系 サービス		○	○	○	
短期入所系 サービス			○		○
施設サービス			○	○	

出典：筆者作成。

ことになっている。このように改定が行われる理由については，急速に進む高齢化により介護を必要とする高齢者が増加する中で，限られた財源の中で適切な介護を受けられるようにするためとされている。

2）介護報酬はどのようにして算定されるのか

　介護報酬の介護給付費単位数表は，図表4-2のとおり，サービス内容や所要時間，要介護度，サービス規模，事業所の形態等で決められており，サービスごとで単位数を決定する要素が異なっている。

　例えば，訪問介護の場合，サービス内容と所要時間で単位数が決まる。例として図表4-3をみると，身体介護が中心（サービス内容），20分未満（所要時間）であれば167単位となる。通所介護の場合，所要時間，要介護度，サービス規模で単位数が決まる。通常規模型（サービス規模），所要時間7時間以上8時間未満（所要時間），「要介護1（要介護度）」であれば655単位となる。短期入所生活介護の場合，要介護度，事業所の形態で単位数が決まる。また，併設型（事業所の形態），「要支援1（要介護度）」であれば446単位となる。

　介護給付費単位数表には単にサービスごとで単位数が示されているだけでなく，実際に行ったサービスの内容やサービスを行う事業者の体制等により単位数の増減である加算・減算が行われる。加算・減算は，単位数で行われる場合と割合で行われる場合があり，サービスごとで加算・減算は様々である。

　例えば，加算の一例としては，介護の離職率が高い理由として仕事量に対し

図表4-3　介護保険サービスの単位数の例

訪問介護

身体介護が中心	
20分未満	167単位
20分以上30分未満	250単位
30分以上1時間未満	396単位
生活介護が中心	
20分以上45分未満	183単位
45分以上	225単位

通所介護

通常規模型通所介護の場合	
所要時間7時間以上8時間未満	
要介護1	655単位
要介護2	773単位
要介護3	896単位
要介護4	1,018単位
要介護5	1,142単位

短期入所生活介護

併設型短期入所生活介護費Ⅰ	
1日当たり	
要支援1	446単位
要支援2	555単位
要介護1	596単位
要介護2	665単位
要介護3	737単位
要介護4	806単位
要介護5	874単位

出典：厚生労働省「介護報酬の算定構造」を基に筆者作成。

　て賃金が低いことから，介護の現場に携わる職員に対し，給与面で報いるために創設された介護職員処遇改善加算，ケアプランを作成する居宅介護支援事業所やホームヘルプサービスを提供する訪問介護事業所において，条件を満たした事業所に加算される特定事業所加算等がある。

　これに対し，減算の一例としては，ケアプランを作成する居宅介護支援事業所において，年2回の決められた期間内において，ケアプランに位置づけたいずれかの介護保険サービスの紹介率が80％を超える法人がある場合に減算される特定事業所集中減算。通所介護や通所リハビリテーション等定員が決められた介護サービス事業所において，厚生労働大臣の定める利用者数の基準を上回る利用者を通所させている場合に減算される定員超過利用減算などがある。

　このように介護保険サービスの介護報酬は，サービスごとで決定する要素が異なって単位数が設定されている。この介護報酬の単位数に地域ごとの1単位の単価を乗じた金額が介護報酬となり，利用者の自己負担分を引いた費用を保険者に請求する。さらに，介護報酬については実際に行ったサービスの内容やサービスを行う事業者の体制等により加算や減算等単位数の増減が行われる。

3）介護報酬はどのように改定されてきたか

先述のとおり，介護報酬については厚生労働大臣が社会保障審議会介護給付費分科会に意見を求めて3年ごとに定めている。改定前とまったく同じ状況で介護保険サービスを提供した場合，介護報酬の総額が増収となる改定はプラス改定，減収となる改定はマイナス改定となる。介護報酬の改定については過去にイレギュラーなものも含め，計9度の改定が行われている。

そこで，これまで介護報酬が改定された際のポイントについてみていく。

① 2003年の改定

主なポイントは「ケアマネジメントの厳格化」「自立支援のための在宅サービスの評価」「施設サービスの質の向上と適正化」となっており，改定率は−2.3％のマイナス改定となった。

② 2005年の改定（施行は同年10月）

この改定は2005年の介護保険法の改正による施設サービスにおける食費・居住費の自己負担化，およびそれに伴う運営基準の見直しによるイレギュラーなものであり，改定率は−0.5％のマイナス改定となった。

③ 2006年の改定

主なポイントは，「中重度者への支援強化」「介護予防とリハビリテーションの重視」「地域包括ケアと認知症ケアの重視」「サービスの質の向上」「介護と医療の機能分担と連携」となっており，改定率は−2.4％のマイナス改定となった。

④ 2009年の改定

主なポイントは「介護人材の確保と処遇改善」「医療との連携や認知症ケアの充実」「効率的なサービス提供や新たなサービスの検証」となっており，改定率は＋3.0％の初めてのプラス改定となった。

⑤ 2012年の改定

主なポイントは「在宅サービスの充実」「自立支援型サービスの強化と重点化」「医療と介護の連携と機能分担」「介護人材の確保とサービスの質の評価」となっており，改定率は＋1.2％のプラス改定となった。

⑥　2014年の改定

この年は消費税8％への引き上げに伴う支給限度基準額の引き上げによるイレギュラーなものであり，改定率は＋0.63％のプラス改定となった。

⑦　2015年の改定

主なポイントは「中重度の要介護者や認知症高齢者への対応のさらなる強化」「介護人材確保対策の推進」「サービス評価の適正化と効率的なサービス提供体制の構築」となっており，改定率は－2.27％と9年ぶりのマイナスの改定となった。

⑧　2018年の改定

主なポイントは「地域包括ケアシステムの推進」「自立支援・重度化防止」「多様な人材の確保と生産性の向上」「介護サービスの適正化」となっており，改定率は＋0.54％のプラス改定となった。

⑨　2021年の改定

主なポイントは「感染症や災害への対応力強化」「地域包括ケアシステムの推進」「自立支援・重度化防止の取組の推進」「介護人材の確保・介護現場の革新」「制度の安定性・持続可能性の確保」となっており，改定率は＋0.70％のプラス改定となった。

（4）介護保険制度における組織および団体の役割

介護保険制度を運営する保険者は市町村となる。しかし，介護保険制度は市町村のみで運営しているわけではない。国や都道府県は市町村の介護保険制度の運営がより良く進むよう重層的に支援しており，介護報酬の支払いやサービスに関する苦情については国民健康保険団体連合会が対応している。

また，地域で生活を送る利用者の課題については，地域包括支援センターが対応し，サービスの提供については指定サービス事業者等が対応している。このように介護保険制度はさまざまな組織や団体によって重層的に保険者を支えて運営を行っている。

そこで，それぞれの組織や団体は介護保険制度において，どのような役割を

図表 4 - 4　介護保険制度を支える組織，団体のイメージ

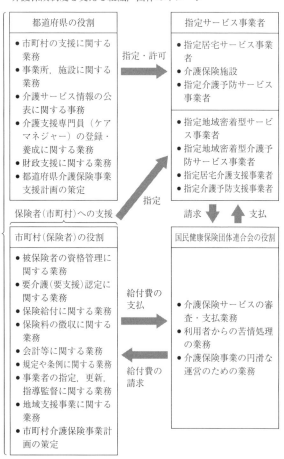

出典：筆者作成。

担っているのかをみてみよう（図表 4 - 4 ）。

1 ）市町村の役割

　介護保険制度における市町村の役割は，主に保険者として介護保険制度を運営することである。被保険者の管理から地域支援事業の実施まで幅広く業務を行う。介護保険制度における市町村の役割を挙げると，次のとおりになる。

①　被保険者の資格管理に関する業務

市町村に住んでいる被保険者が介護保険制度の加入要件を満たしているか，確認することや被保険者に被保険者証を発行する。

②　要介護（要支援）認定に関する業務

要介護（要支援）認定に関わる認定調査の実施や最終的な要介護（要支援）認定の判定を行う介護認定審査会を設置する。

③　保険給付に関する業務

償還払いの保険給付，市町村特別給付の実施，介護報酬の審査，支払い（実際は国民健康保険団体連合会に委託）等を行う。

④　保険料の徴収に関する業務

第1号被保険者の保険料を決定することや第1号被保険者から保険料を集める普通徴収，特別徴収の管理，保険料を納めない人への督促等を行う。

⑤　会計等に関する業務

介護保険特別会計(4)を設けて，他の会計とは別に介護保険の事業に関する金銭の収入と支出を管理する。

⑥　規定や条例に関する業務

介護保険制度の運営のため，市町村等が独自に決める条例・規則等に関する業務を行う。

⑦　事業者の指定，更新，指導監督に関する業務

地域密着型サービス事業者の指定，更新，指導監督は市町村が行う。また，「要介護1〜5」の人のケアプランを作成する居宅介護支援事業者や要支援1〜2の方のケアプランを作成する介護予防支援事業者の指定，更新，指導監督も行う。

⑧　地域支援事業に関する業務

介護予防を進めることや介護が必要な状態になってもできる限り自立した日常生活を営むことができるよう，支援することを目的とする地域支援事業を行う。また，地域支援事業の一つである包括的支援事業を行うため地域包括支援センターを設置する。

⑨　市町村介護保険事業計画の策定

市町村は，国の基本方針に従い，3年を1期として<u>市町村介護保険事業計画</u>を策定する。策定する内容は，住民が日常の生活を営む範囲となる日常生活圏域ごとに種類ごとのサービス量の見込みや地域支援事業の量の見込みを定めることになっている。

２）都道府県の役割

介護保険制度における都道府県の役割は主に介護保険制度の保険者である市町村の支援を行うことである。また，広域的なサービス基盤の整備や介護サービス事業者，介護保険施設の認可等も行っている。介護保険制度における都道府県の役割を挙げると次のとおりになる。

①　市町村の支援に関する業務

市町村単独で介護認定審査会を設置することが難しい場合の共同設置の支援や市町村が作成する市町村介護保険事業計画作成に対する助言等を行う。また，要介護認定や保険料への不服を受け付ける<u>介護保険審査会</u>を設置する。

②　事業所・施設に関する業務

居宅サービス事業者や介護予防サービス事業者，介護老人福祉施設の指定，介護老人保健施設の開設の許可等を行う。

③　介護サービス情報の公表に関する事務

介護サービス情報の公表制度によって得られた介護サービス事業者の情報を，インターネット等を通じて公表する。

④　介護支援専門員（ケアマネジャー）の登録・養成に関する業務

介護支援専門員の登録・登録更新，介護支援専門員証の交付，介護支援専門員の試験，介護支援専門員の養成・研修等を行う。

⑤　財政支援に関する業務

各種事業やサービスに対する都道府県の負担分に対して財政負担を行う。また，保険者（市町村）の介護保険制度の財源が不足した場合に対応する<u>財政安定化基金</u>を設置し運営を行う。

⑥　都道府県介護保険事業支援計画の策定

　都道府県は，国の基本方針に従い，3 年を 1 期として都道府県介護保険事業支援計画を策定する。策定する内容は市町村の介護保険事業計画の内容を踏まえ，介護サービス量の見込みや介護保険施設の入所定員数の見込み等を定めることになっている。

3）国の役割

　介護保険制度における国の役割は，主に介護保険制度の枠組みをつくることである。例えば，介護保険制度の運営に関する基準をつくることや介護サービスの基盤の整備のための方針を出すこと等である。介護保険制度における国の役割を挙げると，次のとおりとなる。

①　制度の運営に必要な各種基準を設定する

　要介護認定基準，介護報酬の基準，区分支給限度額の設定，介護サービス事業者の基準，第 2 号被保険者の負担率などを設定する。

②　保険給付・地域支援事業・財政安定化基金に対する財政負担

　各種事業やサービスに対する国の負担分に対して財政負担を行う。

③　介護サービス基盤の整備に関する事務

　介護保険サービスを整備するために作成する市町村介護保険事業計画や都道府県介護保険事業支援計画の行うべき方向性を示す「介護保険事業に係る保険給付の円滑な実施を確保するための基本的な指針」を策定する。

④　介護保険事業の円滑な運営のための指導・監督・助言等に関する事務

　組織的な不正が疑われる介護サービス事業者の本部への立ち入り調査，市町村に対する介護保険事業の実施状況の報告請求，国民健康保険団体連合会が行う介護保険事業に関する指導監督等を行う。

4）国民健康保険団体連合会の役割

　国民健康保険団体連合会（以下，国保連）とは，医療保険制度の国民健康保険に関連する事業を行うために設立された機関である。各都道府県に 1 団体ずつ設立されており，主に医療機関が提供したサービスに支払われる診療報酬の審査・支払い等を業務として行っているが，介護保険制度が始まってからは，

介護報酬の審査・支払業務も行うようになった。国保連の役割を挙げると次の通りになる。

①　介護保険サービスの審査・支払業務

市町村からの委託を受けて，介護報酬の審査，支払の業務を行う。指定サービス事業者は，サービス利用料の1割（2割または3割）を利用者に請求し，残りのサービス利用料を国保連に請求する。国保連は指定サービス事業者からの請求を審査し，保険給付分を指定サービス事業者に支払う。

②　利用者からの苦情処理の業務

介護サービス事業者や介護保険施設で提供されるサービスに対し，利用者や家族からの苦情を受け付け，事実関係の調査を行い，指定サービス事業者や介護保険施設に指導や助言を行う。ただし，苦情処理は，保険者（市町村）では，取り扱いが難しいものに限られている。

③　介護保険事業の円滑な運営のための業務

介護保険事業の円滑な運営のため，市町村からの委託を受け，第三者行為求償事務を行っている。第三者行為求償事務とは要支援，あるいは要介護状態になった原因が交通事故等の他者による行為である場合，介護保険サービスの提供にかかった費用を加害者に請求することである。この請求事務を保険者（市町村）に代わって行っている。

5）指定サービス事業者の役割

介護保険サービス事業者は，都道府県知事や市町村長の指定により「指定サービス事業者」となることで介護保険サービスを提供できるようになる。保険給付の種類で指定する自治体が異なり，居宅サービスと施設サービスについては，都道府県知事が指定を行い，地域密着型サービスについては市町村長が指定を行う。

具体的には，指定サービス事業者は都道府県知事の指定を受けた指定居宅サービス事業者，介護保険施設，指定介護予防サービス事業者となり，市町村長の指定を受けた指定地域密着型サービス事業者，指定地域密着型介護予防サービス事業者，指定居宅介護支援事業者，指定介護予防支援事業者となる。

指定サービス事業者の指定の有効期間は 6 年となり，有効期間が終わると更新を行う。それぞれの事業者の役割については次のとおりになる。

①　指定居宅サービス事業者・指定介護予防サービス事業者

指定居宅サービス事業者は，要介護者に給付される介護給付の中で居宅サービスを提供する事業者である。また，指定介護予防サービス事業者は，要支援者に給付される予防給付の中で居宅サービスを提供する事業者となる。両者とも居宅サービスの種類ごと，また，事業所ごとに都道府県知事が指定する。

②　介護保険施設

介護保険施設は，要介護者に給付される介護給付の中で施設サービスを提供する事業者である。要介護者を施設に入所させてサービスを提供する。介護保険施設は，介護老人福祉施設，介護老人保健施設，介護療養型医療施設（2024年までに廃止），介護医療院となる。いずれも都道府県知事が指定するが，介護老人保健施設については都道府県知事の指定ではなく許可となり，介護療養型医療施設については廃止予定であるため，新設ができない。

③　指定地域密着型サービス事業者・指定地域密着型介護予防サービス事業者

指定地域密着型サービス事業者は，要介護者に給付される地域密着型サービスを提供する事業者である。また，指定地域密着型介護予防サービス事業者は，要支援者に給付される地域密着型サービスを提供する事業者である。両者とも地域密着型サービスの種類ごと，事業所ごとに市町村長が指定する。

④　指定居宅介護支援事業者・指定介護予防支援事業者

指定居宅介護支援事業者は，要介護者に対して自宅で介護保険サービスを利用するために居宅サービス計画（ケアプラン）を作成する事業者である。また，指定介護予防支援事業者は要支援者に対して自宅で介護予防のための介護保険サービスを利用するために介護予防計画サービス（介護予防ケアプラン）を作成する事業者である。指定居宅介護支援事業者については，2018年より都道府県知事から市町村長が指定することになった。指定介護予防支援事業者については，地域包括支援センターが指定を受けることになっており[5]，市町村長が地域包括支援センターに対して指定することになる。

図表 4 - 5　介護保険制度における被保険者

	第 1 号被保険者	第 2 号被保険者
加入対象者	65歳以上	40歳以上65歳未満
加入条件	市区町村内に住所があること	市区町村内に住所があること 医療保険に加入していること
保険料の決め方	保険者（市町村）ごとに介護保険料を決める	厚生労働省が全国平均の 1 人当たりの負担額を計算して，それを基に医療保険の保険者が決める
保険料の徴収	年金からの天引き	医療保険者が医療保険と一緒に徴収する

出典：筆者作成。

（5）保険者と被保険者・保険料

1）介護保険制度を運営する保険者

　介護保険制度において保険を運営する保険者は市町村となる。市町村が保険者となった理由は，介護の課題は地域ごとで異なり，地域ごとの特徴を反映できる仕組みとするからである。もっとも，小規模な市町村では安定した運営ができないことから広域連合や一部事務組合(6)として近隣の市町村で共同して運営することもできる。

2）介護保険制度に加入する被保険者

　介護保険制度では，図表 4 - 5 のとおり，65歳以上を第 1 号被保険者，40歳以上65歳未満を第 2 号被保険者としている。つまり，40歳以上になると介護保険制度の被保険者として介護保険制度に加入することになる。40歳以上を被保険者とした理由には，介護が必要となる可能性が40歳位から高くなることもあるが，そのほか，40歳以上になると自分の親も高齢者となり，介護を必要とする可能性が高くなるからである。つまり，介護保険制度では，自分自身の介護の他に自分の親の介護のためにも保険料を支払うことになる。

　被保険者になるためには市町村内に住所があることが要件となる。また，第 2 号被保険者については，公的医療保険に加入していることも要件となる。原則として住所がある市町村の被保険者となるが，介護保険施設に入居している被保険者については，介護保険施設がある市町村に住所を変更しても変更前の

図表 4 - 6　第 1 号被保険者の保険料率

	所得の条件	保険料率
第 1 段階	・世帯員全員が市町村民税世帯非課税の老齢福祉年金受給者 ・世帯員全員が市町村民税世帯非課税かつ本人の年金収入等が年額80万円以下	基準額×0.5
第 2 段階	・世帯員全員が市町村民税世帯非課税かつ本人の年金収入等が年額80万円以上120万円以下	基準額×0.75
第 3 段階	・世帯員全員が市町村民税世帯非課税かつ本人の年金収入等が120万円以上	基準額×0.75
第 4 段階	・世帯に市町村民税課税者がおり，本人が市町村民税非課税であり，年金収入等が年額80万円以下	基準額×0.9
第 5 段階	世帯に市町村民税課税者がおり，本人が市町村民税非課税であり，年金収入等が年額80万円以上	基準額×1.0
第 6 段階	本人が市町村民税課税であり，合計所得額が年額120万円未満	基準額×1.2
第 7 段階	本人が市町村民税課税であり，合計所得額が年額120万円以上210万円未満	基準額×1.3
第 8 段階	本人が市町村民税課税であり，合計所得額が年額210万円以上320万円未満	基準額×1.5
第 9 段階	本人が市町村民税課税であり，合計所得額が320万円以上	基準額×1.7

注：(1)上記表は標準的な段階。市町村が条例により課税層についての区分数を弾力的に設定できる。なお，保険料率はどの段階においても市町村が設定できる。
　　(2)公費の投入により平成27年 4 月から，第 1 段階について基準額×0.05の範囲内で軽減強化を行い，更に令和元年10月から第 1 段階について基準額×0.15，第 2 段階について基準額×0.25，第 3 段階について基準額×0.05の範囲内での軽減強化を実施。
出典：厚生労働省『厚生労働白書 令和 3 年版（資料編）』2021年，231頁。

住所地の被保険者となりこれを住所地特例という。

3 ）介護保険料はどのようにして決められるのか

　被保険者が支払う介護保険料は第 1 号被保険者と第 2 号被保険者で決め方が異なる（図表 4 - 5）。第 1 号被保険者の場合，保険者である市町村ごとに介護保険料を決める。保険者は介護保険料の基準額を示し，前年度の所得に応じて図表 4 - 6 のとおり，9 段階で設定する[7]。所得が高い人は基準額より高くなり，所得が低い人は基準額より低くなる。

　これに対し，第 2 号被保険者の場合，まず同省が全国平均の 1 人当たりの負

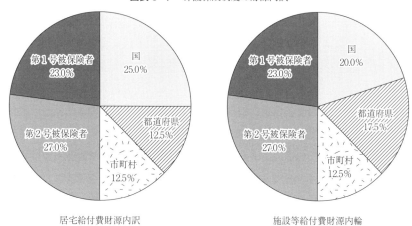

図表 4-7　介護保険制度の財源内訳

居宅給付費財源内訳　　　　　　　　　　施設等給付費財源内輪

出典：厚生労働省（2022）「介護保険制度をめぐる最近の動向について」を基に筆者作成。

担額を計算し，公的医療保険の保険者が介護保険料と医療保険料を一緒に徴収する。自由・自営業者などが加入する国民健康保険の場合，人数に応じて保険料を決めるが，会社員や公務員などが加入する被用者保険の場合，加入する人の給与と賞与を合計した総報酬額に応じ，保険料を決める総報酬割が導入されている。

　また，介護保険料の徴収は第1号被保険者の場合，年金額が一定額（年額18万円）以上の人は年金から天引きされる特別徴収，それ以外の人は納入通知書による普通徴収となる。第2号被保険者の場合，公的医療保険の保険者が医療保険料と合わせて徴収する。公的医療保険の保険者は医療保険料と一緒に徴収した介護保険料（介護給付費・地域支援事業支援納付金）を社会保険診療報酬支払基金に納め，そこから介護保険制度の保険者に引き渡す（介護給付費交付金）ようになっている。

4）介護保険制度の財源

　介護保険制度を運営するのに必要な費用となる財源は，被保険者からの保険料はもとより，自己負担，国や自治体からの公費（税金）負担によって賄われ

ている。介護保険制度の財源の内訳は利用者が支払う利用者負担を除いた費用に対し，公費が50％，介護保険料が50％と 2 分の 1 ずつ負担することになっている。さらに，公費は国，都道府県，市町村で負担の割合が異なり，介護保険料は 3 年ごとに決められ，そのときの第 1 号被保険者と第 2 号被保険者の人口比率によって負担する割合が異なる。税金となる公費50％の内訳は，国が25％，都道府県が12.5％，市町村が12.5％で負担する。

　ただし，施設サービスの費用に当たる<u>施設等給付費</u>については，国が20％，都道府県が17.5％，市町村が12.5％となり，国が 5 ％低く都道府県が 5 ％高くなっている（図表 4 - 7 ）。被保険者が支払う介護保険料50％の内訳は，2021年から 3 年間については第 1 号被保険者が23％，第 2 号被保険者が27％となっている。

5 ）介護保険制度の財源を支える仕組み

　介護保険制度の財源は必ずしも安定するとは限らない。例えば，介護保険料の徴収が思いどおりにはいかずに財源が悪化することもあるし，予想をはるかに超えるサービスが利用されることもある。このような事態によって保険者（市町村）の介護保険制度の財源が不足した場合，資金の交付や貸付を行う基金として財政安定化基金がある。財政安定化基金は都道府県が設置することになっており，財源は国 3 分の 1 ，都道府県 3 分の 1 ，市町村 3 分の 1 ずつ出し合っている。このように介護保険制度では保険者（市町村）の介護保険制度の財源が悪化しないよう支える仕組みが整っている。

（6）要介護認定の仕組みとプロセス

1 ）介護保険サービスを受給するには

　介護保険制度では公的医療保険のように自分の判断でサービスを受給することはできず，要介護状態，あるいは要支援状態であると判定を受けなければならない。これを要介護（要支援）認定という。要介護（要支援）認定では要介護状態，あるいは要支援状態であるかどうかを<u>要介護状態区分（要介護度）</u>として，要支援状態を「要支援 1 ～要支援 2 」，要介護状態を「要介護 1 ～要介護

5」までとし，合わせて7区分で判定する。そして，要介護状態にある場合を要介護者，要支援状態にある場合を要支援者とし，該当しない場合を自立としている。

　要介護状態，あるいは要支援状態については介護保険法第7条第1・2項において次のように規定されている。

　「**第7条**　この法律において「要介護状態」とは，身体上又は精神上の障害があるために，入浴，排せつ，食事等の日常生活における基本的な動作の全部又は一部について，厚生労働省令で定める期間にわたり継続して，常時介護を要すると見込まれる状態であって，その介護の必要の程度に応じて厚生労働省令で定める区分（以下「要介護状態区分」という。）のいずれかに該当するもの（要支援状態に該当するものを除く。）をいう。
　2　この法律において「要支援状態」とは，身体上若しくは精神上の障害があるために入浴，排せつ，食事等の日常生活における基本的な動作の全部若しくは一部について厚生労働省令で定める期間にわたり継続して常時介護を要する状態の軽減若しくは悪化の防止に特に資する支援を要すると見込まれ，又は身体上若しくは精神上の障害があるために厚生労働省令で定める期間にわたり継続して日常生活を営むのに支障があると見込まれる状態であって，支援の必要の程度に応じて厚生労働省令で定める区分（以下「要支援状態区分」という。）のいずれかに該当するものをいう。」

　このような要介護状態，または要支援状態にある40歳以上の被保険者については介護保険制度による保険給付を受けることができる。

　ただし，40歳以上65歳未満の第2号被保険者については，図表4－8に示した16の特定疾病によって，要介護状態または要支援状態になった場合のみ介護保険制度による保険給付を受けることができる。以上を踏まえ，要介護（要支援）認定を含めた介護保険サービスを利用するまでのプロセスについてみていく。

図表4-8　介護保険制度における特定疾病

特定疾病
1　がん【がん末期】
2　関節リウマチ
3　筋萎縮性側索硬化症
4　後縦靱帯骨化症
5　骨折を伴う骨粗鬆症
6　初老期における認知症（アルツハイマー病，脳血管性認知症等）
7　進行性核上性麻痺，大脳皮質基底核変性症及びパーキンソン病
8　脊髄小脳変性症
9　脊柱管狭窄症
10　早老症（ウェルナー症候群等）
11　多系統萎縮症
12　糖尿病性神経障害，糖尿病性腎症及び糖尿病性網膜症
13　脳血管疾患（脳出血，脳梗塞等）
14　閉塞性動脈硬化症
15　慢性閉塞性肺疾患（肺気腫，慢性気管支炎等）
16　両側の膝関節または股関節に著しい変形を伴う変形性関節症

出典：厚生労働省「特定疾病の選定基準の考え方」。

2）介護保険サービスを利用するまでのプロセス

　介護保険サービスを利用するまでには，①保険者（市町村）に申請する，②認定調査を受ける，③要介護（要支援）認定を行う，④要介護（要支援）認定の結果を通知する，⑤ケアプランを作成する計5つのプロセスが必要となる。

　①　保険者（市町村）に申請する

　介護保険サービスを利用するには，まず保険者である市町村に要介護（要支援）認定の申請をする必要がある。この申請では申請書に必要事項を記入し被保険者証を添え，市町村の担当する課の窓口に提出する。申請は本人に代わって家族や親族，成年後見人，民生委員，地域包括支援センター等が申請することも可能となる。

　②　認定調査を受ける

　申請が受理されると，保険者である市町村から認定調査員が派遣されて認定調査が行われる。認定調査員は新規の場合，市町村の職員となる。しかし，要介護（要支援）認定を更新する場合や要介護度に変更があった場合については，

ケアプランを作成する指定居宅介護事業者や介護保険施設などの職員で研修を修了した人が行うことも可能となる。また，認定調査とともに申請者の主治医から主治医意見書が必要となる。

③　要介護（要支援）認定を行う

認定調査の結果は，要介護（要支援）認定を行うため，コンピューターに入力される。これを一次判定という。この一次判定の結果に特記事項と主治医意見書を合わせ，介護認定審査会⁽⁹⁾に審査判定を求めることになり，これを二次判定という。介護認定審査会の委員は要介護状態，あるいは要支援状態に該当するか，該当する場合，どの程度の介護が必要であるのか，審査判定を行う。

④　要介護（要支援）認定の結果を通知する

保険者である市町村は，介護認定審査会の審査判定の結果を受けて認定あるいは不認定の決定を行う。この決定の通知は申請日から原則30日以内に行うことになっている。この要介護（要支援）認定の結果については，申請日に遡っても有効となる。つまり，申請者は結果の通知が来るまでサービス利用を控える必要はなく，急を要する場合，申請後，すぐに介護保険サービスを利用できる仕組みとなっている⁽¹⁰⁾。

⑤　ケアプランを作成する

要介護（要支援）認定の結果，要介護状態，あるいは要支援状態にあることが認められてもすぐに介護保険サービスを利用できるわけではない。介護保険サービスを利用するにはケアプランを作成する必要がある。ケアプランは自分で作成することも可能であるが，ケアプランを作成する専門職である介護支援専門員に作成を依頼することも可能で，作成による自己負担はない。このようにケアプランが作成し，サービス提供事業所に利用の申し込みを行って初めて介護保険サービスを利用することができる。

3）介護保険制度における自己負担

介護保険サービスを利用するにあたっては無料でサービスを受けられるわけではなく，自己負担がある。利用者はサービス費用全体の１割を原則として自己負担する。

　ただし，前年度の所得が一定以上ある場合，2割，もしくは3割の自己負担となる。サービス利用に自己負担がある理由は，サービスを利用する人とサービスを利用しない人の公平性を図ることや，サービスには費用がかかることを利用者に意識してもらうためとされている。

図表4-9　介護保険制度の区分支給限度基準額

要介護度	限度額
要支援1	5,032単位
要支援2	10,531単位
要介護1	16,765単位
要介護2	19,705単位
要介護3	27,048単位
要介護4	30,938単位
要介護5	36,217単位

出典：厚生労働省「区分支給限度基準額について」より筆者作成。

　また，介護保険制度では利用者が無制限にサービス利用することがないよう，保険給付の上限となる図表4-9のように区分支給限度基準額[11]を設けている。区分支給限度基準額は要介護度ごとで異なっている。この要介護度に応じた区分支給限度基準額内で1割（2割，または3割）を利用者が自己負担することになる。

　ただし，この区分支給限度基準額は，居宅サービスを利用する場合に適用されるものであり，施設サービスの利用には適用されないことになっている。

　さらに，利用者の自己負担額を軽減するため，高額介護サービス費や高額介護合算療養費制度が設けられている。高額介護サービス費は1カ月に支払った利用者負担の合計が区分支給限度基準額を超えた場合，超えた分を払い戻す制度である。高額介護合算療養費制度は，世帯内で公的医療保険制度と介護保険制度の1年間の自己負担額の合計が基準額を超えた場合に超えた分を払い戻す制度である。このように介護保険制度では利用者の自己負担を軽減する制度が設けられている。

4）介護保険制度に対する不服申し立て

　介護保険制度では要介護（要支援）認定の結果，被保険者証の交付の請求など保険給付に関する処分，決定された介護保険料などに不服がある場合，不服申し立てをすることができる。不服申し立ては，都道府県が設置する介護保険審査会に審査請求する。審査請求については，原則として処分があったことを知った日の翌日から起算して3カ月以内に文書，または口頭で行わなければな

図表 4 - 10　介護保険制度における保険給付のサービス一覧

給付		介護給付	予防給付
対象		要介護者	要支援者
居宅サービス		①訪問介護 ②訪問入浴介護 ③訪問看護 ④訪問リハビリテーション ⑤居宅療養管理指導 ⑥通所介護 ⑦通所リハビリテーション ⑧短期入所生活介護 ⑨短期入所療養介護 ⑩特定施設入居者生活介護 ⑪福祉用具貸与 ⑫特定福祉用具販売	①介護予防訪問入浴介護 ②介護予防訪問看護 ③介護予防訪問リハビリテーション ④介護予防居宅療養管理指導 ⑤介護予防通所リハビリテーション ⑥介護予防短期入所生活介護 ⑦介護予防短期入所療養介護 ⑧介護予防特定施設入居者生活介護 ⑨介護予防福祉用具貸与 ⑩特定介護予防福祉用具販売
その他居宅		①居宅介護住宅改修 ②居宅介護支援	①介護予防住宅改修 ②介護予防支援

給付		介護給付	予防給付
対象		要介護者	要支援者
サービス施設		①介護老人福祉施設 ②介護老人保健施設 ③介護医療院 ※介護療養型医療施設は2024年廃止予定	
地域密着型サービス		①定期巡回・随時対応型訪問介護看護 ②夜間対応型訪問介護 ③地域密着型通所介護 ④認知症対応型通所介護 ⑤小規模多機能型居宅介護 ⑥認知症対応型共同生活介護 ⑦地域密着型特定施設入居者生活介護 ⑧地域密着型介護老人福祉施設入所者生活介護 ⑨看護小規模多機能型居宅介護	①介護予防認知症対応型通所介護 ②介護予防小規模多機能型居宅介護 ③介護予防認知症対応型共同生活介護

出典：厚生労働省「公表されている介護サービスについて」を基に筆者作成。

らないことになっている。

（7）居宅サービス・施設サービス・地域密着型サービス

1）介護保険制度における保険給付の種類

　介護保険制度における保険給付はサービス内容や要介護（要支援）状態区分によって整理することができる。サービスは自宅の利用者に給付される居宅サービス，介護保険施設に入所した利用者に給付される施設サービス，サービスを提供する事業者のある市町村に住む利用者に利用が限られる地域密着型サービスの 3 つに分けることができる。また，要介護（要支援）状態区分では，「要介護 1 」から「要介護 5 」までの要介護状態に給付される介護給付，「要支援 1 」と「要支援 2 」の要支援状態に給付される予防給付の 2 つに分けることができる。

　なお，予防給付の場合は，サービス名称の最初に「介護予防〜」が付く（例：介護予防訪問看護）。

　このように整理できる保険給付によるサービスの一覧が表 4 - 10 である。このほか，保険者である市町村が独自に行う保険給付として市町村特別給付がある。市町村特別給付には区分支給限度基準額に市町村が独自で給付額の上乗せを行う上乗せサービス，介護保険制度の保険給付以外に独自のサービスを設ける横出しサービスがある。

2）介護保険制度における居宅サービスの内容

　居宅サービスは主に12種類のサービスと住宅改修，ケアプランを作成してもらう居宅介護支援・介護予防支援からなる。

　①　訪問介護（ホームヘルプサービス）

　介護福祉士や訪問介護員（ホームヘルパー）が自宅を訪問して提供するサービスである。排泄・食事・更衣などの直接身体に触れて行う身体介護，掃除・洗濯・調理などの家事援助を行う生活援助等がある。

　②　訪問入浴・介護予防訪問入浴介護

　看護師と介護職員が自宅で入浴が困難な利用者の自宅を訪問し，訪問入浴車

等で持参した浴槽によって入浴の介護を提供するサービスである。

③　訪問看護・介護予防訪問看護

看護師などが疾患のある利用者の自宅を訪問し，主治医（かかりつけ医）の指示に基づき，療養上の世話や診療の補助を提供するサービスである。

④　訪問リハビリテーション・介護予防訪問リハビリテーション

理学療法士や作業療法士，言語聴覚士等が利用者の自宅を訪問し，心身機能の維持回復や日常生活の自立に向けたリハビリテーションを提供するサービスである。

⑤　居宅療養管理指導・介護予防居宅療養管理指導

在宅で療養している通院が困難な利用者に対し，医師，歯科医師，看護師，薬剤師，管理栄養士，歯科衛生士等が家庭を訪問し療養上の管理や指導，助言等を提供するサービスである。

⑥　通所介護（デイサービス）

介護老人福祉施設に併設，あるいは単独で経営された通所介護事業所に通ってもらい，食事，入浴，その他の必要な日常生活上の支援や生活機能訓練，口腔機能向上サービス等を日帰りで提供するサービスである。

⑦　通所リハビリテーション（デイケア）・介護予防通所リハビリテーション

介護老人保健施設，保険医療機関，診療所などに通ってもらい，日常生活の自立を助けるため，理学療法，作業療法，その他必要なリハビリテーションを行い，利用者の心身機能の維持回復を提供するサービスである。

⑧　短期入所生活介護（ショートステイ）・介護予防短期入所生活介護

介護老人福祉施設などの施設に短期間入所してもらい，食事，入浴，その他の必要な日常生活上の支援や機能訓練などを提供するサービスである。家族介護者を一定期間介護から解放することで介護負担を軽減するレスパイトケアも目的となっている。

⑨　短期入所療養介護（ショートステイ）・介護予防短期入所療養介護

介護老人保健施設や保険医療機関などに短期間入所してもらい，医学的な管理のもとで，医療や機能訓練，日常生活上の支援等を提供するサービスである。

短期入所生活介護と同様にレスパイトケアも目的となっている。

⑩　特定施設入居者生活介護・介護予防特定施設入居者生活介護

介護付有料老人ホーム，養護老人ホーム，軽費老人ホーム，サービス付き高齢者向け住宅等の特定施設に入居している利用者に対し，入浴・排泄・食事等の介護，その他必要な日常生活上の支援を提供するサービスである。

⑪　福祉用具貸与・介護予防福祉用具貸与

居宅の利用者に対し，厚生労働大臣が定める福祉用具の中から必要な福祉用具の貸与を行うサービスである。

⑫　特定福祉用具販売・介護予防特定福祉用具販売

腰掛便座や簡易浴槽など福祉用具の貸与になじまないものを特定福祉用具として購入費用を保険給付するサービスである。

⑬　居宅介護住宅改修・介護予防住宅改修

介護が必要となったことで自宅の改修が必要となった場合，その費用が支給されるものである。すべての改修に保険給付が行われるのではなく，手すりの取り付け，段差の解消，滑りの防止等が対象となる。区分支給限度基準額があり一律20万円までとなっている。

⑭　居宅介護支援・介護予防支援

居宅介護支援は，介護支援専門員（ケアマネジャー）に要介護状態にある利用者に対し，心身の状況や置かれている環境に応じたケアプランを作成してもらうサービスである。また，介護予防支援は，介護予防支援事業者となる地域包括支援センター等に依頼して，要支援状態にある利用者の介護予防ケアプランを作成してもらうサービスである。

3）介護保険制度における施設サービスの内容

施設サービスは以下の3つの介護保険施設から提供されるサービスである。要介護者のみの給付となることから介護給付のみとなる。

①　介護老人福祉施設（特別養護老人ホーム）

寝たきりや認知症などで常に介護が必要であり，自宅での生活が難しい方のための長期入所型の生活施設である。利用は原則として「要介護3」以上とな

っている。

② 介護老人保健施設

入所者に対してリハビリテーション等の医療サービスを提供し，在宅生活への復帰を目指す施設である。保険医療機関からの退院と在宅生活の復帰を結ぶ中間にある施設であることから中間施設とも呼ばれている。

③ 介護医療院

それまで長期的な療養を重視した介護療養型医療施設に代わり，2018年に創設された施設である。長期的な医療と介護ニーズを併せ持つ高齢者を対象とし，日常的な医学管理や看取り，ターミナルケア等の医療機能と介護などの生活施設としての機能を兼ね備えた施設である。

なお，介護療養型医療施設は2024年までに廃止される予定である。[12]

4）介護保険制度における地域密着型サービスの内容

地域密着型サービスは住民がより身近なところで介護サービスが受けられるよう，市町村が事業者の指定，指導，監督を行うサービスである。利用についてはサービスを提供する事業者のある市町村に住む利用者に限られており，以下の9種類からなる。

① 定期巡回・随時対応型訪問介護看護

日中・夜間を通じ，訪問介護と訪問看護の両方を24時間365日，必要なタイミングで柔軟に提供するサービスである。また，定期巡回と随時の対応も行う。

② 夜間対応型訪問介護

夜間の時間帯において訪問介護サービスを提供するサービスである。また，利用者の通報に応じて調整・対応するオペレーションサービスも行う。

③ 地域密着型通所介護（小規模デイサービス）

利用定員18人以下と小規模で行う通所介護である。

④ 認知症対応型通所介護・介護予防認知症対応型通所介護

認知症の利用者を対象とした専門的な介護を提供する通所介護である。

⑤ 小規模多機能型居宅介護・介護予防小規模多機能型居宅介護

「通い」によるサービスを中心に，利用者の希望等に応じ，利用者の自宅へ

の「訪問」や短期間の「泊まり」を組み合わせ，在宅生活を支援するサービス
である。

⑥　認知症対応型共同生活介護・介護予防認知症対応型共同生活介護

認知症の利用者がグループホームという 5 人から 9 人程度の小規模の共同生
活住居に入居し，家庭的な環境と地域住民との交流の下で生活を送るサービス
である。

⑦　地域密着型特定施設入居者生活介護

定員が29人以下の介護付有料老人ホーム，養護老人ホーム，軽費老人ホーム，
サービス付き高齢者向け住宅等の特定施設に入居している利用者に対し，入
浴・排泄・食事等の介護，その他必要な日常生活上の支援を提供するサービス
である。

⑧　地域密着型介護老人福祉施設入所者生活介護

定員が29人以下の小規模の介護老人福祉施設のことである。利用者の少ない
山間部や土地の確保が難しい都市部で設置が進められている。

⑨　看護小規模多機能型居宅介護（複合型サービス）

先述の小規模多機能型居宅介護と訪問看護を組み合わせて提供するサービス
である。つまり，小規模多機能型居宅介護の「通い」「訪問」「泊まり」の他に
「看護」も組み合わせたサービスである。

5 ）介護保険サービスの情報提供と苦情処理

介護保険制度が始まったことにより，それまで行政が判断してサービスを決
めていた措置制度から利用者自身がサービスを選択して介護保険サービス事業
者と契約を結ぶ利用契約制度へと移行した。しかし，実際，介護保険サービス
利用者の多くは心身機能が衰えていることから自分で判断することが難しく，
介護保険サービス事業者と対等な関係で契約を結ぶことが難しいのが現状であ
る。また，対等な関係で契約を結ぶためには介護保険サービス事業者を判断す
るための情報も必要となる。このため，介護保険サービスを利用するにあたっ
ては，利用者の権利を守る仕組みが設けられている。そこで，その仕組みにつ
いてみていく。

① 介護保険サービスの情報提供

介護保険制度では，介護保険サービスの情報提供として2006年に介護サービス情報の公表制度が設けられた。この制度によって介護サービス事業者は，サービスの提供を開始するときと年1回程度，決められた介護サービス情報を都道府県知事に報告しなければならないことになった。

この報告を受けた都道府県知事は，報告された介護サービス情報について，インターネットを通じて公表を行うことになっている。もし報告された介護サービス情報の内容に調査が必要であると判断した場合，介護サービス事業に対して調査を行うことも可能となっている。

② 介護保険サービスに対する苦情処理

介護サービス事業者が提供するサービスに対する苦情については，保険者である市町村や地域包括支援センターでも受け付けているが，各都道府県に設置されている国民健康保険団体連合会（国保連）でも受け付けている。国保連への苦情の申し立ては原則として書面によることになっているが，必要に応じて口頭による申し立てもできるようになっている。

（8）介護保険制度における地域支援事業

1）地域支援事業とはどのような事業か

介護保険制度では，保険給付とは別にもう一つのサービスとして市町村が行う地域支援事業がある。地域支援事業とは，2005年の介護保険法の改正により創設された事業で，要介護状態や要支援状態となる前から介護予防を進めることや，介護が必要な状態になってもできる限り自立した日常生活を営むことができるよう，支援するという目的で創設された。地域支援事業は図表4-11のとおり，介護予防・日常生活支援総合事業（総合事業），包括的支援事業，任意事業の3つからなる。

2）介護予防・日常生活支援総合事業（総合事業）の内容

介護予防・日常生活支援総合事業（総合事業）とは保険者である市町村が中心となって地域の実情に応じて行うサービスであり，介護予防・生活支援サー

図表 4 - 11　地域支援事業の全体像

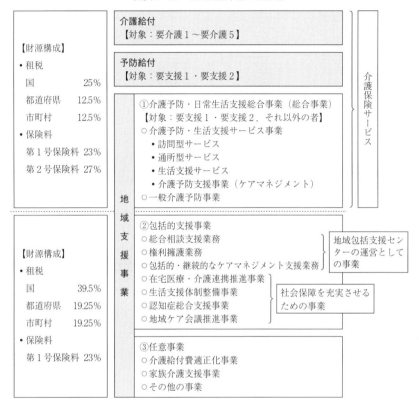

出典：厚生労働省「介護保険制度の改正案について」より筆者作成。

ビス事業と一般介護予防事業がある。

①　介護予防・生活支援サービス事業

介護予防・生活支援サービス事業は，要支援状態にある要支援者と基本チェックリストで生活機能の低下がみられた事業対象者に対し，家事支援など訪問型サービス，日常的な社会交流のための通所型サービス，食事の配達や見守りなどを実施する生活支援サービス，総合事業のサービスを提供できるようにケアマネジメントする介護予防ケアマネジメントを提供する事業である。

②　一般介護予防事業

　一般介護予防事業は，介護が必要であるかどうかに限らず，すべての第1号被保険者を対象とした事業である。事業の内容として，基本チェックリストを活用して介護予防の対象者を見つけ出す介護予防把握事業，介護予防の取り組みを広く知らせる介護予防普及啓発事業，地域における住民の介護予防活動の育成，支援を行う地域介護予防活動支援事業等がある。

3）包括的支援事業の内容

　次に，包括的支援事業は地域包括支援センターを運営するための事業であり，<u>地域包括支援センターの運営としての事業</u>と<u>社会保障を充実させるための事業</u>からなる。
⑬

地域包括支援センターの運営としての事業

①　第1号介護予防支援事業

　要支援状態にある要支援者や基本チェックリストで事業対象者と認定された者が利用できるケアマネジメント・サービスである。介護予防・日常生活支援総合事業によるサービスを適切に利用できるよう，組み合わせる。

②　総合相談支援業務

　高齢者やその家族から介護の問題だけではなく，生活上の様々な相談に応じ，適切な地域のサービスや適切な機関や制度につなげていく事業である。

③　権利擁護業務

　高齢者の権利を守るため，高齢者虐待への対応，消費者被害の防止，成年後見制度活用などに対応する事業である。

④　包括的・継続的ケアマネジメント支援業務

　地域の介護支援専門員（ケアマネジャー）の業務を支援することや困難なケース等に対し，介護支援専門員からの相談に応じ，助言・指導を行う事業である。また，介護支援専門員同士のネットワークの構築も行う。

4）社会保障を充実させるための事業

①　在宅医療・介護連携推進事業

　医療と介護の両方を必要とする高齢者が住み慣れた地域で安心して暮らしを

続けることができるよう，在宅医療と介護サービスを一体的に提供するため，在宅医療に関する医療機関と介護サービス事業者の連携を推進する事業である。

②　生活支援体制整備事業

住み慣れた地域で安心して暮らし続けることができるよう，地域の支え合いを推進する生活支援コーディネーターの配置や，地域で高齢者を支援する様々な関係者が集まる協議体を設置する事業である。

③　認知症総合支援事業

保健，医療，福祉に関する専門的な知識を有する者により初期の認知症の悪化防止のための支援，認知症の人やその疑いのある人に対する総合的な支援を行うための事業である。

④　地域ケア会議推進事業

高齢者個人に対する支援の充実と，それを支える地域の基盤の整備を同時に進めていく地域ケア会議を推進する事業である。医療や介護等の地域で高齢者を支援するさまざまな関係者が集まり会議を開催して個別のケースを検討し，協力して支援を行うことで地域のネットワークの構築につなげていく。

なお，地域ケア会議は地域包括支援センターが中心となって推進していく。地域ケア会議を推進することは後述の地域包括ケアシステムの実現に有効であるとされている。

5）任意事業の内容

最後に，任意事業は市町村の判断で行うことができる事業である。例として次のような事業がある。

①　介護給付費適正事業

過剰，不適切なサービス提供により保険給付が増えることや介護保険料が高くなることを防ぎ，介護給付費の適正化を行う事業である。

②　家族介護支援事業

介護が必要な人を家族で介護している人に対し，介護方法の指導や介護教室を開催する事業である。

この2つの任意事業以外にも介護保険事業の運営の安定化のための事業，被

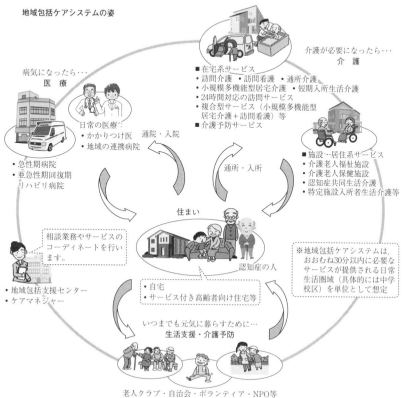

図表 4 - 12　地域包括ケアシステムのイメージ

地域包括ケアシステムの姿

介護が必要になったら…
介 護

■ 在宅系サービス
・訪問介護　・訪問看護　・通所介護
・小規模多機能型居宅介護　・短期入所生活介護
・24時間対応の訪問サービス
・複合型サービス（小規模多機能型
　居宅介護＋訪問看護）等
■ 介護予防サービス

病気になったら…
医 療

日常の医療：
・かかりつけ医
・地域の連携病院

通院・入院

・急性期病院
・亜急性期回復期
　リハビリ病院

通所・入所

■ 施設・居住系サービス
・介護老人福祉施設
・介護老人保健施設
・認知症共同生活介護
・特定施設入所者生活介護等

相談業務やサービスの
コーディネートを行い
ます。

住まい

認知症の人

・地域包括支援センター
・ケアマネジャー

※地域包括ケアシステムは，
　おおむね30分以内に必要な
　サービスが提供される日常
　生活圏域（具体的には中学
　校区）を単位として想定

・自宅
・サービス付き高齢者向け住宅等

いつまでも元気に暮らすために…
生活支援・介護予防

老人クラブ・自治会・ボランティア・NPO等

出典：厚生労働省「地域包括ケアシステム」。

保険者が地域において自立して日常生活が送れるようにする事業等がある。

6）地域支援事業の目的となる地域包括ケアシステムの実現

　このような地域支援事業を行う目的には地域包括ケアシステムの実現にある。地域包括ケアシステムとは1947年から1949年生まれの団塊世代が75歳以上の後期高齢者となる2025年を目途に地域の実情に応じ，「医療」「介護」「予防」「住まい」「生活支援」が一体的に提供されるシステムである（図表 4 - 12）。

　地域包括ケアシステムについては，先述の2003年に高齢者介護研究会が公表した「2015年の高齢者介護」の報告書の中で，地域包括ケアが示されたのが始

まりである。同報告書では地域包括ケアシステムについて「介護サービスを提供するには，介護保険のサービスを中核としつつ，保健・福祉・医療の専門職相互の連携，さらにはボランティアなどの住民活動も含めた連携により，地域の様々な資源を統合した包括的なケア（地域包括ケア）を提供することが必要である[14]」と地域包括ケアについて述べている。

これを受け，2005年の介護保険法の改正では，すべての市町村で地域支援事業が行われ，さらに地域包括ケアシステムを実現するための中心となる機関として地域包括支援センターが創設された。

さらに，2008年には地域包括ケアの実現と方向性の課題を検討することを目的に地域包括ケア研究会が設置された。同研究会は現行の介護保険制度の給付水準を維持すると団塊世代が75歳以上の後期高齢者になる2025年には介護費用が増大することから，2025年を目途に各地域に地域包括ケアシステムの構築を目指すべきであると提言した。この提言を受け，2011年の介護保険法の改正では，地域包括ケアシステムの実現に向けた取り組みが本格的に進められることになった。

7）地域包括ケアシステムを推し進める地域包括支援センター

①　地域包括支援センターとはどのような機関なのか

この地域包括ケアシステムを実現するために中心となる機関が，2005年の介護保険法の改正で創設された地域包括支援センターである。地域包括支援センターとは，地域において保健，福祉，医療など様々な分野から総合的に高齢者の生活をサポートする拠点となる機関である。地域包括支援センターは，保険者である市町村が人口2～3万人に1カ所を目安に設置することになっている。保険者である市町村が設置することが原則だが，社会福祉法人，医療法人，NPO（特定非営利活動）法人に業務を委託することも可能である[15]。

②　地域包括支援センターで働く専門職

地域包括支援センターには保健師，社会福祉士，主任介護支援専門員の計3専門職を置くことが原則となっており，この3専門職によって包括的支援事業の地域包括支援センターの運営としての事業が行われている（図表4-13）。

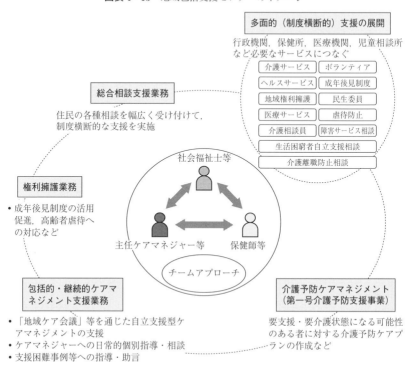

図表 4 - 13　地域包括支援センターのイメージ

多面的（制度横断的）支援の展開

行政機関，保健所，医療機関，児童相談所
など必要なサービスにつなぐ

介護サービス	ボランティア
ヘルスサービス	成年後見制度
地域権利擁護	民生委員
医療サービス	虐待防止
介護相談員	障害サービス相談

生活困窮者自立支援相談

介護離職防止相談

総合相談支援業務

住民の各種相談を幅広く受け付けて，
制度横断的な支援を実施

権利擁護業務

• 成年後見制度の活用
  促進，高齢者虐待へ
  の対応など

社会福祉士等

主任ケアマネジャー等　　　保健師等

チームアプローチ

包括的・継続的ケアマ
ネジメント支援業務

• 「地域ケア会議」等を通じた自立支援型ケ
  アマネジメントの支援
• ケアマネジャーへの日常的個別指導・相談
• 支援困難事例等への指導・助言

介護予防ケアマネジメント
（第一号介護予防支援事業）

要支援・要介護状態になる可能性
のある者に対する介護予防ケアプ
ランの作成など

出典：厚生労働省「地域包括支援センターの業務」。

　第1号介護予防支援事業については保健師，総合相談支援業務，権利擁護業務については社会福祉士，包括的・継続的なケアマネジメント支援業務については主任介護支援専門員が主に行う。このように地域包括支援センターではそれぞれが有する専門知識や技術を活かし，相互に連携してチームアプローチを行うことが求められている。

③　地域包括支援センターの運営に対する協議

　地域包括支援センターの運営については，包括的支援事業が問題なく行われているか協議を行う地域包括支援センター運営協議会を設置する。この協議会の構成員は公正・中立性を確保するため，介護サービス事業者，被保険者，学

識経験者などとなっている。地域包括支援センターの運営は，この協議会で話し合われた意見や提案に基づいて行われる。

④　地域包括ケアシステムの実現に有効な地域ケア会議の開催

地域包括ケアシステムの実現に有効な方法として地域ケア会議の開催が挙げられる。地域ケア会議は，2011年の介護保険法の改正により地域包括支援センターの業務となった。地域ケア会議とは介護支援専門員が抱える個別ケースに対し，医療や介護等の関係者が協力して検討し，個別ケースの検討を積み重ねることで地域に共通した課題を明らかにしていく会議である。高齢者個人に対する支援を充実させるとともに，それを支える地域の基盤の強化を同時に進めていくことが目的となる。

地域ケア会議は2011年の介護保険法の改正により地域包括支援センターの業務となったが，実施していない市町村が２割程度あったため，2014年の介護保険法の改正により，地域支援事業の包括的支援事業となる地域ケア会議推進事業として位置づけられた。地域ケア会議を開催することは地域の医療や介護などの関係者の連携を強化するとともに，個別のケースから地域課題へとつなげていくことができることから，地域包括ケアシステムの実現に有効な方法であるとされている。

2　老人福祉法

（1）老人福祉法成立の背景

1）戦前の老人福祉

戦前の老人に関する福祉制度では，1874年に制定された恤救(じゅっきゅう)規則と1929年に制定された救護法がある。恤救規則は日本で国として初めての救貧制度であるが，住民同士の助け合いを原則とし，救済の対象を「無告の窮民」に限定していた。無告の窮民とは，身寄りのない困窮者のことであり，70歳以上の老衰者，病人，13歳以下の子どもで労働能力のない者をいう。このように恤救規則は救貧制度だが，対象者は限定的であった。

1929年に制定，1932年に施行された救護法は米騒動や関東大震災，世界恐慌と経済が不安定なときにつくられた救貧制度であり，現在の生活保護制度の前身に当たる。対象者は65歳以上の老衰者，13歳以下の幼者，障害者等である。救護法は恤救規則と違い，国が生活困窮者を救済する義務を認めた制度であったが，国民の側から救済を求める公的扶助請求権までは認められていなかった。老人を対象とした施設である養老院も救護法の中で規定された。

　戦前における2つに救貧制度である恤救規則と救護法は対象者を限定し，その中に老人も含まれていた。もっとも，老人のみを対象とした福祉制度は存在していなかった。

2）老人福祉法成立までの動き

　戦後直後の日本は混乱期にあり，老人のみを対象とした社会福祉制度は存在しなかった。1950年に改定した生活保護法において養老院を養老施設と変更されたが，救貧制度の一つとしての位置づけであった。

　その後，高度経済成長に伴い，社会の変化として①老齢人口の増加，②就業の変化，③私的扶養の減退等が起こってきた。①老齢人口の増加では，戦後の公衆衛生の向上等に基づく死亡率の減少によって老人の人口が増加することが予想されていた。1930年には65歳以上の人口が306万4,000人（高齢化率4.8％）だったのが，1960年には474万4,000人（高齢化率5.3％）に増加し，1960年代当時，その後も増加することが予測されていた。②就業の変化では1960年当時，老人は農林水産業である第一次産業従事者として就業している割合が高く，第2次〜第3次産業での常勤雇用としての就労は少ない傾向にあった。この状況は今後の産業構造の変化に伴い，老人の就業が困難になることが予想され，老人の立場が不安定なものになることが懸念されていた。③私的扶養の減退では，戦前の家長制度が廃止されたことにより家庭内における老人への意識も変化していった。家庭内の老人への意識や家族生活の変化に伴い，老人の私的扶養は減退していくこととなった。

　このような老人を取り巻く環境の変化から国民皆保険制度の実現により年金や医療制度は整ってきたが，老人福祉対策は未だ不十分であった。当時は老人

ホームとして，生活保護法による養老施設や法的位置づけがなかった有料老人ホーム等が存在していた。また，老人福祉センター，老人家庭奉仕員等の事業等も含めて，老人を対象とした福祉施策を制定する必要性が出てきたことから，1963年に老人福祉法が施行されることになった。

3）成立後の動き

老人福祉法が施行されたことにより生活保護法における養老施設は廃止され，養護老人ホームに切り替わることになった。また，特別養護老人ホームや軽費老人ホーム等も老人福祉法の老人福祉施設に位置づけられた。そして，法的な位置づけがなかった有料老人ホームも老人福祉法の中に位置づけられ，都道府県知事に届出を行うことが義務づけられた。

老人福祉法が施行されて以降も，その時代背景に応じて制度が変更していった。1973年に行われた老人福祉法改正においては，老人医療費支給制度が導入され，70歳以上の医療費が無料化された。しかし，「社会的入院」による老人医療費の増加，オイルショックによる経済状況の悪化等により，1982年に老人保健法が施行され，わずか10年で老人福祉法による老人医療費支給制度は廃止されることになった。これにより医療費の無料化も廃止され，高齢者に一部負担を求めていくことになった。

1990年には社会福祉関係八法が改正され，市町村による在宅福祉の推進，施設入所の措置を町村へ移譲，都道府県・市町村で老人保健福祉計画の策定義務化等が実施されることになった。これまでの施設福祉から在宅福祉への移行が進められた。

1997年に介護保険法が成立，2000年に施行されたことにより，老人福祉サービスは老人福祉法と介護保険法の2つの法律に位置づけられることになった。介護保険法では契約による利用となるが，契約が困難な者等が老人福祉法による措置による利用が可能となっている。しかし，介護保険法でのサービス利用が中心になっているため，老人福祉法による福祉サービスの存在意義が薄らいでいる傾向はある。

（2）老人福祉法の概要

1）老人福祉法の目的・基本理念

　老人福祉法は，老人の福祉に関する原理を明らかにすることと，老人の心身の健康の保持および生活の安定のために必要な措置を講ずることにより，老人の福祉を図ることを目的としている（第1条）。「老人の福祉に関する原理を明らかにする」とは，「国民あるいは老人の心構え，並びに国及び地方公共団体の施策の方針の決定に方向が与えられ，老人の福祉に資することとなることを立法上意図したもの」のことである。

　基本的理念は，老人のことを多年にわたり社会の進展に寄与してきた者として，かつ豊富な知識と経験を有する者として敬愛されるとともに，生きがいを持てる健全で安らかな生活を保障されるものとしている（第2条）。ここでは老人のことを，①多年にわたり社会の進展に寄与してきた者，②豊富な知識と経験を有する者で敬愛される存在としている。1963年施行当時は①のみであったが，1990年の改正において②が追加された。また，老人は老齢に伴って生ずる心身の変化を自覚して常に心身の健康を保持し，その知識と経験を活用して社会的活動に参加するように努めるものとしている。また，希望と能力に応じ，適当な仕事に従事する機会，その他社会的活動に参加する機会を与えられるものとし，老人になっても社会活動に参加するという老人像を示している（第3条）。

　国や自治体の責務は老人の福祉を増進していくこととし，老人福祉施策を講ずるにあたっては第2条の基本的理念が具現されるように配慮しなければならない。一方，社会福祉法人等の老人の生活に直接影響を及ぼす事業を営む者は，その事業の運営にあたって，老人の福祉が増進されるように努めるという努力義務が課せられている（第4条）。

　老人福祉法では，国民の間に広く老人の福祉についての関心と理解を深めるとともに，老人に対し，自らの生活の向上に努める意欲を促すために，「老人の日」及び「老人週間」を設けている（第5条）。「老人の日」は9月15日とし，「老人週間」は9月15日から9月21日までとなっている。「老人の日」において，

国はその趣旨にふさわしい事業を実施するよう努めるものとしている。国・自治体は,「老人週間」において老人の団体等によってその趣旨にふさわしい行事が実施されるよう, 奨励しなければならない。このため, この時期において各地域では, 高齢者を敬う行事等が実施されている。2001年の「国民の祝日に関する法律」の改正により, 2003年からは 9 月15日であった「敬老の日」は 9 月の第 3 月曜日となっている。このため, 老人福祉法では 9 月15日を「老人の日」としている。

　老人福祉法における老人とは児童福祉法等とは違い, 定義が明らかにされていない。老人が児童等と違い個人差があり, 一律の年齢にしていくことが適当ではないことから明確な定義を設定していない。このため, 同法における老人とは社会通念上把握される概念に委ねられている。

　しかし, 老人福祉法に規定されている福祉サービスを利用する際にはその対象となる者を明確にしていく必要性があることから, 利用可能な年齢を示している。

2 ）福祉の措置

　老人福祉法における福祉の措置の実施者は市町村である。65歳以上の者が居住地を有するときはその居住地の市町村が居住地を有しないか, 居住地が明らかでないときは現在地の市町村が措置の実施者となっている（第 5 条の 4 ）。市町村は措置の実施者として以下の業務を行わなければならない（第 5 条の 4 第 2 項）。

①　老人の福祉に関し, 必要な実情の把握に努めること。
②　老人の福祉に関し, 必要な情報の提供を行い, 並びに相談に応じ, 必要な調査及び指導を行い, これらに付随する業務を行うこと。

　これらの業務は市町村が設置する福祉事務所が行うことになっている（第 5 条の 5 ）。
　市町村は, 65歳以上で身体, または精神上の障害があるために日常生活を営

むのに支障がある者が，心身の状況や置かれている環境等に応じ，自立した日常生活を営むため，居宅における介護や老人ホームへの入所等の最も適切な支援が受けられるよう，地域の実情に応じたきめ細かな措置の積極的な実施に努めなければならない。また，これらの体制の整備にあたっては身体上，または精神上の障害があるため，日常生活を営むのに支障が生じた場合においても引き続き居宅において日常生活を営むことができるよう，配慮しなければならない（第10条の３）。

3）老人福祉計画

　市町村は，老人居宅生活支援事業及び老人福祉施設による事業の供給体制の確保に関する計画（市町村老人福祉計画）を定めることになっている（第20条の８）。この市町村老人福祉計画では，市町村の区域において確保すべき老人福祉事業の量の目標を定めることになっている。また，老人福祉事業の量の確保のための方策についても定めるよう，努めることになっている（第20条の８第２・３項）。他の計画との関係においては，市町村老人福祉計画と市町村介護保険事業計画とは一体のものとして，市町村地域福祉計画とは調和が保たれたものでなければならない。

　これに対し，都道府県は市町村老人福祉計画の達成に資するため，各市町村を通ずる広域的な見地から，老人福祉事業の供給体制の確保に関する計画（都道府県老人福祉計画）を定めることになっている（第20条の９）。都道府県老人福祉計画は，都道府県が定める区域ごとの養護老人ホーム及び特別養護老人ホームの必要入所定員総数，その他老人福祉事業の量の目標を定めることになっている。また，老人福祉施設の整備や老人福祉施設相互間の連携のための措置に関すること，老人福祉事業に従事する者の確保や資質の向上，業務の効率化及び質の向上のために講ずる措置に関することを定めるよう努めることになっている（第20条の９第３項）。他の計画との関係においては，都道府県老人福祉計画と都道府県介護保険事業支援計画とは一体のものとして，都道府県地域福祉計画とは調和が保たれたものでなければならないとされている。

（3）老人福祉法の福祉サービス

1）老人居宅生活支援事業

　老人福祉法における老人居宅生活支援事業とは，老人居宅介護等事業，老人デイサービス事業，老人短期入所事業，小規模多機能型居宅介護事業，認知症対応型老人共同生活援助事業及び複合型サービス福祉事業のことをいう（第5条の2）。それぞれの具体的な事業内容については図表4‐14のとおりである。

　これらの老人居宅生活支援事業は，市町村がやむを得ない事由により介護保険法上のサービスを利用することが著しく困難であると認める場合，必要に応じて措置を行うことで利用できるようになっている。

2）老人福祉施設

　老人福祉法における老人福祉施設とは，老人デイサービスセンター，老人短期入所施設，養護老人ホーム，特別養護老人ホーム，軽費老人ホーム，老人福祉センター及び老人（在宅）介護支援センターのことをいう（第5条の3）。それぞれの具体的なサービス内容については図表4‐15のとおりである。

　老人ホームへの入所等について，市町村は必要に応じて養護老人ホーム，特別養護老人ホームに入所させ，若しくは入所を委託する措置を採らなければならない（第11条）。

3）有料老人ホーム

　老人福祉法では有料老人ホームについても規定している。老人福祉法における有料老人ホームとは老人を入居させ，入浴，排泄，もしくは食事の介護，食事の提供又はその他の日常生活上必要な便宜を供与する事業を行い，老人福祉施設，認知症対応型老人共同生活援助事業を行う住居等ではない施設のことである。有料老人ホームを設置しようとする者は，あらかじめその施設を設置しようとする地の都道府県知事に，施設の名称，設置予定地，設置しようとする者の氏名等の届け出を行わなければならない（第29条）。

　老人を入居させて食事の提供等を行っているにもかかわらず，都道府県知事に有料老人ホームの届出を行っていない施設も存在する。いわゆる無届施設として社会問題にもなっている。このため，市町村長は届出がされていない疑い

図表 4 - 14 老人居宅生活支援事業の事業内容

事業名	事業内容
老人居宅介護等事業	65歳以上で，身体上または精神上の障害があるために日常生活を営むのに支障がある人に対して，居宅において入浴，排泄，食事等の介護，調理，洗濯，掃除等の家事，生活に関する相談・助言等の支援を行う事業。 介護保険法上では，訪問介護，定期巡回・随時対応型訪問介護看護，夜間対応型訪問介護になる。
老人デイサービス事業	65歳以上で，身体上，または精神上の障害があるために日常生活を営むのに支障がある人を施設に通わせ，入浴，排泄，食事等の介護，機能訓練等の支援を行う。また，または現に養護するものに対して，介護方法の指導等の支援を行う事業。 介護保険法上では，通所介護，認知症対応型通所介護，地域密着型通所介護等になる。
老人短期入所事業	65歳以上で養護者の疾病その他の理由により，居宅において介護を受けることが一時的に困難となった人を施設に短期間入所させ，養護する事業。 介護保険法上では，短期入所生活介護，介護予防短期入所生活介護になる。
小規模多機能型居宅介護事業	65歳以上で，身体上または精神上の障害があるために日常生活を営むのに支障がある人に対して，居宅において，またはサービスの拠点に通わせ，若しくは短期間宿泊させ，入浴，排泄，食事等の支援及び機能訓練を提供する事業。 介護保険法上では，小規模多機能型居宅介護，介護予防小規模多機能型居宅介護になる。
認知症対応型老人共同生活援助事業	65歳以上で，認知症であるために日常生活を営むのに支障があるものに対して，共同生活を営むべき住居において入浴，排泄，食事等の介護その他の日常生活上の援助を行う事業。 介護保険法上では，認知症対応型共同生活介護，介護予防認知症対応型共同生活介護になる。
複合型サービス福祉事業	65歳以上で，身体上または精神上の障害があるため，日常生活を営むのに支障がある人に対して，訪問看護及び小規模多機能型居宅介護を組み合わせて提供することで，特に効果的かつ効率的なサービスの組み合わせにより提供される事業。 介護保険法上では，看護小規模多機能型居宅介護になる。

出典：「WAM NET 高齢者福祉制度解説・ハンドブック」を基に筆者作成。

がある有料老人ホームを発見したときは遅滞なく，その旨を当該有料老人ホームの設置予定地，または所在地の都道府県知事に通知するよう努めることになっている。

　有料老人ホームの設置者は，入居者の保護を図るとともに，有料老人ホームの健全な発展に資することを目的とした全国有料老人ホーム協会を設立するこ

図表4 - 15　老人福祉施設のサービス内容

施設名	サービス内容
老人デイサービスセンター	65歳以上で，身体上または精神上の障害があるために日常生活を営むのに支障がある人を施設に通わせ，入浴，排泄，食事等の介護，機能訓練等の支援を行う「老人デイサービス事業」を行う施設。
老人短期入所施設	65歳以上で養護者の疾病その他の理由により，居宅において介護を受けることが一時的に困難となった人を施設に短期間入所させ，養護する「老人短期入所事業」を行う施設
養護老人ホーム	65歳以上で，環境上の理由及び経済的理由により自宅での生活が困難になった人を入所させ，養護するとともに，その者が自立した日常生活を営み，社会的活動に参加するために必要な指導及び訓練その他の援助を行うことを目的とする施設
特別養護老人ホーム	65歳以上で，身体上または精神上著しい障害があるために常時の介護を必要とし，居宅において介護を受けることが困難な人を入所させ，入浴，排せつ，食事等の介護，相談及び援助，社会生活上の便宜の供与その他の日常生活上の世話，機能訓練，健康管理及び療養上の世話を行う施設
軽費老人ホーム	無料又は低額な料金で，老人を入所させ，食事の提供その他日常生活上必要な便宜を供与することを目的とする施設
老人福祉センター	無料又は低額な料金で，老人に関する各種の相談に応じるとともに，老人に対して，健康の増進，教養の向上及びレクリエーションのための便宜を総合的に供与することを目的とする施設
老人介護支援センター	地域の老人の福祉に関する問題につき，老人，その人を現に養護する人，地域住民その他の人からの相談に応じ，必要な助言を行うとともに，主として居宅において介護を受ける老人又はその者を現に養護する者と市町村，老人居宅生活支援事業を行う者，老人福祉施設，医療施設，老人クラブその他老人の福祉を増進することを目的とする事業を行うもの等との連絡調整，その他の援助を総合的に行うことを目的とする施設

出典：老人福祉法，「WAM NET 高齢者福祉制度解説・ハンドブック」を基に筆者作成。

とができることになっている。この全国有料老人ホーム協会は有料老人ホームを運営するにあたり法律，その他の法令の規定を遵守させるための会員に対する指導，勧告，運営に対する入居者等からの苦情の解決などの業務を行うことになっている。

3 高齢者の医療の確保に関する法律（高齢者医療確保法）

（1）高齢者医療確保法成立の背景

　1973年の老人福祉法改正により老人医療費支給制度が導入され，老人医療費の無料化が実現された。1970年代，日本は高齢化率が7％を超えて高齢化社会に突入し，高齢化が課題になり始めたときでもあった。老人医療費支給制度は当時の田中内閣のもと「福祉元年」をスローガンに実現した政策の一つであり，70歳以上の医療費の自己負担分を公費で賄うものであった。この制度が施行されて高齢者の受診を促進する効果があった一方，自己負担が無料になったことから医療費の増加につながってしまう等のマイナス面も生じた政策であった。また，当時は特別養護老人ホームが不足し，在宅介護サービスの整備も遅れているため，高齢者のみを入院させる老人病院が急増したのもこのころである。在宅では介護ができない高齢者が病院に入院せざるを得ない状況，いわゆる「社会的入院」が増加し，その後の高齢者医療に大きな影響を与えた。

　老人福祉法改正において実施された老人医療費支給制度は，医療費の増加を招いた等の課題から見直しすることになった。1982年に老人医療費支給制度は廃止され，1983年2月に老人保健法が施行された。老人保健法の目的は「国民の老後における健康の保持と適切な医療の確保を図る」とし，高齢者医療費だけではなく，40歳以上の者を対象とする予防を重視した保健事業も含まれている。基本理念として「老人の医療に要する費用を公平に負担するもの」とし，高齢者が受診した際，費用を一部負担することとなった。

　1986年の老人保健法改正では在宅と病院の中間施設として老人保健施設が創設され，「社会的入院」の解消を図っていった。また，1991年，在宅の寝たきり高齢者等が老人訪問看護ステーションから訪問看護サービスを受けることができるよう，老人訪問看護制度が創設された。その後，2000年4月から介護保険法が施行され，老人保健施設は介護保険施設と位置づけられ，老人医療費ではなく，介護保険からの給付となった。また，訪問看護においても介護保険法

に基づき要支援者・要介護者に対して訪問看護を実施するようになった。介護保険での利用を基本としながらも，末期の悪性腫瘍患者等の頻回に訪問看護が必要な患者は，老人保健法による老人訪問看護を利用するようになった。

　2000年以降の高齢者医療は患者負担が増加していくことになった。2001年1月老人医療費の一部負担金をそれまでの定額負担から1割負担に，2002年10月老人保健で医療を受けられる対象年齢が70歳以上から75歳以上に引き上げられた。また，一定以上の所得のある人は2割負担になった。2006年10月には75歳以上の現役並み所得のある人の自己負担割合が2割から3割になった。また，その前年10月に実施された介護保険施設の食費・居住費自己負担化に合わせ，医療療養病床に入院する65歳以上の高齢者の一部に入院時生活療養費が導入され，食費・居住費の一定額を自己負担することとなった。

　このように2000年以降は度重なる制度の見直しにより，高齢者の医療費にかかる患者負担が増加することとなった。老人保健制度では高齢者と若者の費用負担が不明確だったこと，また，高齢者が家族の被扶養者になると保険料の支払いがない等の不公平感があり，75歳以上を対象とした保険制度を設けて世代間の負担を明確にしていくことが求められるようになった。そして，2008年度に「高齢者の医療の確保に関する法律（高齢者医療確保法）」が施行されることとなった。

（2）高齢者医療確保法の概要

　高齢者医療確保法の目的（第1条）は，前期高齢者に係る保険者間の費用負担の調整，後期高齢者に対する適切な医療の給付等を行うために必要な制度を設け，国民保健の向上及び高齢者の福祉の増進を図ることとしている。基本的理念（第2条）では，高齢者の医療に要する費用を公平に負担することと，高齢期に健康の保持を図るための適切な保健サービスを受ける機会を与えられるものとしている。この目的や基本的理念を実現するため，国，自治体，保険者，医療の担い手等の責務を規定している。高齢化が進む中で高齢者医療をどのように負担していくかについて，現役世代と高齢者の費用負担を明確にしたので

ある。

　また，高齢者医療確保法の内容として医療費適正化の推進が挙げられる。医療費適正化の推進は，医療費適正化計画と健康診査（断）の２つがある。医療費適正化計画は，都道府県において都道府県医療費適正化計画を策定することが義務づけられている。計画の中で，住民の健康保持の推進に関し達成すべき目標，医療の効率的な提供の推進に関し，達成すべき目標，目標を達成するために都道府県が取り組むべき施策等を掲げることとしている。

　健康診査は，老人保健法において実施されていた保健事業を再編したものになる。40歳以上の保険加入者に対して行う特定健康診査と特定保健指導がある。特定健康診査はメタボリックシンドローム（内臓脂肪症候群）や高血圧，糖尿病，脂質異常症などの生活習慣病の予防を図るため，早期発見，早期対応に結び付けることが目的である。そして，特定健康診査の結果，メタボリックシンドロームに該当する者およびその予備軍に対し，医師等による特定保健指導を行うこととされている。

（3）後期高齢者医療制度

　後期高齢者医療制度は75歳以上の高齢者を対象とし，独立した保険制度になる。後期高齢者の医療を現役世代の医療制度と切り離し，高齢者の疾病，負傷，または死亡に関して必要な給付を行う制度である。後期高齢者医療制度の運営主体は各都道府県のすべての市町村が加入する後期高齢者医療広域連合である。保険料の徴収，被保険者資格の管理，医療給付申請の受付等の業務は市町村で行っている。このため，各都道府県にある後期高齢者医療広域連合と市町村が保険業務を共同して行っている。被保険者は後期高齢者医療広域連合の区域内に住所を有する①75歳以上の人，②65歳以上75歳未満の人で，かつ一定の障害があり後期高齢者医療広域連合の認定を受けた人である。75歳以上になると，それまで加入していた各医療保険（国民健康保険等）から離脱し，後期高齢者医療制度に強制加入することになっている。

　保険料は後期高齢者医療制度の被保険者全員が納付することになっている。

図表 4 - 16 後期高齢者医療制度の費用負担

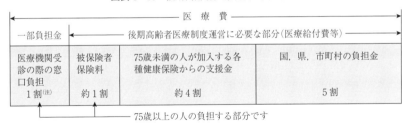

注：現役並みの所得（課税所得金額が145万円以上）がある方は 3 割負担。一定以上の所得（課税所得が28万円以上かつ「年金収入＋その他の合計所得金額」が単身世帯の場合は200万円以上，複数世帯の場合は合計320万円以上）がある方は，2 割負担。
出典：静岡県後期高齢者医療広域連合「後期高齢者医療制度の概要」。

支払い方法として，口座振替や納付書が届いて金融機関等に支払いを行う普通徴収と年金から天引きされる特別徴収の 2 種類がある。特別徴収は年金額が年額18万円以上の人が対象になるが，申請により口座振替での納付（普通徴収）への変更も可能である。

後期高齢者医療制度にかかる費用は，医療機関を受診した際の窓口負担を除く医療給付費の内訳として，公費（国・都道府県・市町村）約 5 割と現役世代からの支援金（後期高齢者支援金）約 4 割，被保険者の保険料約 1 割になる。被保険者が医療機関を受診した際の自己負担は 1 割負担（現役並み所得は 3 割負担）である（図表 4 - 16）。

後期高齢者医療制度は75歳以上の高齢者を対象とした医療保険制度だが，その費用負担は公費と現役世代からの支援金で支えられている。ただ，高齢者医療の費用負担のあり方については，継続的な見直しが行われている。2021年 6月に医療制度改革関連法が成立し，2022年10月から一定所得以上の人については医療費の窓口負担割合を 2 割とし，それ以外の人については 1 割とすることとなった。一定所得以上の所得とは課税所得が28万円以上，かつ年収200万円以上（単身世帯の場合。複数世帯の場合，後期高齢者の年収合計が320万円以上）としている。これにより 1 割負担の人から 2 割負担に増加する人が出てくることとなった。高齢化がより進んでいくなか，費用負担を含めた高齢者医療をどのようにしていくかについての方向性は今後も問われていくことになる。

4 高齢者虐待の防止，高齢者の養護者に対する支援等に関する法律（高齢者虐待防止法）

（1）高齢者虐待防止法成立の背景

　近年，介護保険制度の活用が普及して以降も高齢者虐待が表面化し，社会問題になっている。高齢者虐待は被害を受ける高齢者が虐待をしている介護者を庇うこともあるため，表面化しにくいという特徴がある。

　そこで，2003年度，全国で初めて厚生労働省委託の「家庭内における高齢者虐待に関する調査」が行われ，家庭内における虐待の実態が明らかになった。また，2003年に高齢者介護研究会がまとめた報告書「2015年の高齢者介護」の中で「利用者側にサービスに関する情報がないこともあり，劣悪なサービスが競争により淘汰されているとは言い難く，事実，劣悪な事業者による問題事例は後を絶たない」と介護従事者における不適切な関わりへの問題提起を行っている。

　このような背景の中で，高齢者虐待に対する対応が必要であるとの声が高まり，2006年4月に「高齢者虐待の防止，高齢者の養護者に対する支援等に関する法律（高齢者虐待防止法）」が施行されることとなった。

　高齢者虐待防止法において，国は虐待への適切な対応方法や養護者に対する支援等についての調査研究を行わなければならないとされている（第26条）。厚生労働省は，毎年度高齢者虐待防止法に基づく対応状況等に関する調査結果について公表している。これにより，これまで見えづらかった高齢者虐待の実態が明らかになっていった。ちなみに，高齢者虐待防止法に基づく対応状況等に関する調査結果によると，近年も養護者によるものと養介護施設従事者によるものの両方において，相談・通報件数，虐待判断件数ともに増加傾向にある（図表4-17）。高齢者虐待は表面化しにくいという特徴から，この他にも虐待が潜在している可能性がある。高齢者虐待防止法が施行されて10数年経過しているが，高齢者虐待の社会問題は未だ解決できていない課題となっている。

図表 4 - 17　高齢者虐待防止法に基づく対応状況等に関する調査結果

	養護者によるもの		養介護施設従事者によるもの	
	虐待判断件数	相談・通報件数	虐待判断件数	相談・通報件数
2015年度	15,976件	26,688件	408件	1,640件
2016年度	16,384件	27,940件	452件	1,723件
2017年度	17,078件	30,040件	510件	1,898件
2018年度	17,249件	32,231件	621件	2,187件
2019年度	16,928件	34,057件	644件	2,267件

出典：厚生労働省調査結果を基に筆者作成。

（2）高齢者虐待防止法の概要

　高齢者虐待防止法は，高齢者に対する虐待が深刻な状況にあり，高齢者の尊厳の保持にとって虐待を防止することがきわめて重要であることから，高齢者虐待の防止に関する国や自治体等の責務，虐待を受けた高齢者に対する保護のための措置，養護者に対する支援のための措置等を定めることにより，高齢者の権利利益の擁護に資することを目的としている（第1条）。

　高齢者虐待防止法の基本的な視点は以下のとおりである[20]。

　　①　発生予防から虐待を受けた高齢者の生活の安定までの継続的な支援
　　②　高齢者自身の意思の尊重
　　③　虐待を未然に防ぐための積極的なアプローチ
　　④　虐待の早期発見・早期対応
　　⑤　高齢者本人とともに養護者を支援する
　　⑥　関係機関の連携・協力によるチーム対応

　高齢者虐待防止法は高齢者の権利擁護を行うため，虐待が起きたときに対応するだけではなく未然に防いだり，養護者に対する支援を行ったりしていく法律である。

　この法律においての高齢者は65歳以上であり，高齢者虐待を養護者による高齢者虐待及び養介護施設従事者等による虐待としている。また，養護者とは高

齢者を現に養護する者であって養介護施設従事者等以外のものである。養介護施設従事者とは老人福祉法における老人居宅生活支援事業，老人福祉施設，有料老人ホーム，介護保険法に規定する居宅サービス事業，地域密着型サービス事業，介護保険施設，居宅介護支援事業，地域包括支援センター等の業務に従事する者のことをいう。高齢者虐待とは，以下の5種類である。

① 高齢者の身体に外傷が生じ，または生じるおそれのある暴行を加えること（身体的虐待）。
② 高齢者を衰弱させるような著しい減食又は長時間の放置その他の高齢者を養護すべき職務上の義務を著しく怠ること（ネグレクト）。
③ 高齢者に対する著しい暴言，または著しく拒絶的な対応その他の高齢者に著しい心理的外傷を与える言動を行うこと（心理的虐待）。
④ 高齢者にわいせつな行為をすること，または高齢者をしてわいせつな行為をさせること（性的虐待）。
⑤ 高齢者の財産を不当に処分する，その他当該高齢者から不当に財産上の利益を得ること（経済的虐待）。

　国，自治体の責務として高齢者虐待の防止，高齢者虐待を受けた高齢者の迅速，かつ適切な保護および適切な養護者に対する支援を行うため，関係省庁相互間，その他関係機関や民間団体の連携の強化，民間団体の支援，その他必要な体制の整備に努めなければならないとしている。また，高齢者虐待の職務に携わる専門的な人材の確保および資質の向上を図るため，関係機関の職員の研修等必要な措置を講ずるよう努めなければならない。
　高齢者虐待を発見した者は，すみやかに市町村に通報する義務，または通報する努力義務がある。養護者による虐待を発見した場合，高齢者の生命，または身体に重大な危険が生じている場合は通報義務，高齢者虐待を受けたと思われる高齢者を発見した場合は通報の努力義務となる。養介護施設従事者が要介護施設従事者等による高齢者虐待を受けたと思われる高齢者を発見した場合，

図表4-18　虐待を発見した場合の通報義務・努力義務

	生命又は身体に重大な危険が生じている場合	高齢者虐待を受けたと思われる高齢者を発見した場合
養護者による虐待を発見した場合	通報義務	努力義務
養介護施設従業者による虐待を発見した場合	通報義務	努力義務
養介護施設従業者が養介護施設従業者等による虐待を発見した場合	通報義務	通報義務

出典：高齢者虐待防止法を基に筆者作成。

速やかに市町村に通報しなければならない（通報義務）となっている（図表4-18）。

（3）高齢者虐待防止法における虐待対応

1）養護者による虐待への対応

養護者による虐待対応については，初動期段階，対応段階，終結段階の大きく3段階に分けられている。

初動期段階は高齢者の生命・身体の安全確保が目的となる。この段階では高齢者虐待を疑わせる相談・通報・届出を受け付けた後，コアメンバー会議で虐待の有無と緊急性の判断を行い，その判断に基づいて作成される対応方針に沿って行われた一連の対応の評価を行うまでになる。

対応段階は，高齢者の生命・身体の安全確保を常に意識しながら，虐待の解消と高齢者が安心して生活を送る環境を整えるために必要な対応を行うことが目的となる。この段階では，虐待と認定した事例に対し，「情報収集と虐待発生要因・課題の整理→虐待対応計画（案）の作成→虐待対応ケース会議（虐待対応計画案の協議・決定）→計画の実施→対応段階の評価会議→（評価の内容に応じて）必要な情報収集と整理→虐待対応計画の見直し～終結」という循環を繰り返していく。

終結段階では，虐待が解消されたと確認できることが目的となる。また，虐待の解消が高齢者が安心して生活を送ることにつながるのかを見極める必要も

図表 4 - 19 養護者による高齢者虐待の対応手順（市町村）

段　　階	虐待への対応
初動期段階	相談・通報・届出への対応 　・相談・通報・届出の受付 　・虐待の疑いについて協議 事実確認 　・初回相談の内容の共有と，事実確認を行うための協議 　・庁内関係部署，関係機関からの情報収集 　・訪問調査（高齢者の安全，虐待が疑われる事実についての確認） 　・情報の整理 虐待の有無の判断・緊急性の判断・対応方針の決定 　・虐待の有無の判断・緊急性の判断 　・対応方針の決定 　・立入調査，高齢者の保護，やむを得ない事由による措置，成年後見制度の市町村長申立 　・対応方針に沿った対応の実施 高齢者の安全確保，追加的な情報収集の実施 初動期段階の評価会議 　・対応の実施状況及び虐待が解消したかどうかの確認
対応段階	情報収集と虐待発生要因・課題の整理 　・情報収集と虐待発生要因・課題の整理 　・虐待対応計画（案）の作成 　・虐待対応計画の作成 　・虐待対応計画に沿った対応の実施 対応段階の評価会議 　・対応の実施状況及び虐待が解消したかどうかの確認 　・高齢者が安心して生活を送るための環境の整備状況の確認
終結段階	虐待対応の終結

出典：社団法人日本社会福祉士会「市町村・地域包括支援センター・都道府県のための養護者による高齢者虐待対応の手引き」を基に筆者作成。

ある。そして，虐待がない状態で高齢者が地域で暮らすために，包括的・継続的ケアマネジメント支援等に移行していくことが必要となる（図表 4 - 19）。

　２）養介護施設従事者等による虐待への対応

　養介護施設従事者等による虐待の通報が市町村にあった場合，迅速，かつ正確な事実確認を行うことになる。その際，通報者の立場を保護するように配慮する必要がある。法律では，通報を行った従事者が通報したことを理由に解雇や不利益な取り扱いを受けないこととされている（第21条第 7 項）。

　通報を受けた市町村は事実確認と高齢者の安全確認を行う。利用者の生命・

安全に関わる等の緊急性の高い事案は，迅速に対応することが必要になってくる。虐待を確認した場合，虐待対応ケース会議の開催，改善計画の確認，評価会議・モニタリング，終結のプロセスを行っていく。虐待対応ケース会議では，高齢者虐待対応部署職員等のメンバーで虐待の有無や緊急性の判断，対応方針の決定を行う。

　その後，市町村は養介護施設等に対し改善が必要と考えられる事項と指導内容を通知，それに対する改善計画書の提出を依頼する。養介護施設等から提出された改善計画書が組織全体として虐待の発生防止になるかの確認を行う。改善計画書受理後，達成目標期日が経過した段階で，当該養介護施設等を訪問し，再発防止に向けた改善取組の評価を行う。改善取組が滞っていたり，改善意識が見られなかったりする場合，都道府県と連携して改善勧告や改善命令等の権限を行使し，養介護施設等の改善取組を促す。そして，虐待防止の取組が継続的に実施できていることを確認した際には，最終的に終結の判断を行う（図表4-20）。

　厚生労働省は2021年4月，すべての介護サービス事業者を対象に利用者の人権の擁護，虐待の防止等の観点から，虐待の発生又はその再発を防止するための委員会の開催，指針の整備，研修の実施，担当者を定めることを義務づけることとした。そして，3年間の経過措置を設け，2025年3月までの間は努力義務とされている。虐待の発生及び再発を防ぐため，以下のことを行うこととなった。

① 虐待の防止のための対策を検討する委員会の定期開催
② 虐待の防止のための指針の整備
③ 虐待の防止のための従業者に対する研修の定期的な実施
④ 虐待の防止に関する措置を適切に実施するための担当者を置くこと

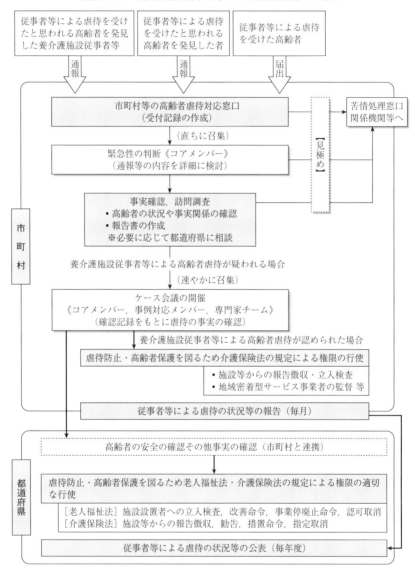

図表4-20　養介護施設従事者等による高齢者虐待への対応

出典：厚生労働省「市町村・都道府県における高齢者虐待への対応について」2006年。

5　高齢者，障害者等の移動等の円滑化の促進に関する法律（バリアフリー新法）

（1）バリアフリー新法成立の背景

　日本でバリアフリーの施策が本格化したのは，1994年に制定された「高齢者，身体障害者等が円滑に利用できる特定建築物の建築の促進に関する法律（ハートビル法）」からである。同法は病院やデパート，ホテル等不特定多数の人が利用する建築物（特定建築物）に対し，出入口，廊下，階段，トイレ，駐車場等を高齢者や障害者，妊産婦等誰にでも使いやすい環境にする努力が求められることとなった。2003年の法改正では，特定建築物の対象を学校や共同住宅，事務所等に拡大した。また，特定建築物の中で特に不特定多数の人が利用する建築物を特別特定建築物に指定し，延べ床面積2,000㎡以上の建築物を建築する建築主に利用円滑化基準を満たすことが義務づけられた。

　同法は建築物が対象であり，公共交通機関等は適用除外になっていた。そのため，2000年に「高齢者，身体障害者等の公共交通機関を利用した移動の円滑化の促進に関する法律（交通バリアフリー法）」が新たに制定された。同法では高齢者，身体障害者，妊産婦等が公共交通機関を利用した移動の利便性や安全性を確保するために，駅，バスターミナル等の旅客施設[21]，鉄道，バス，旅客船，航空機等のバリアフリー化を促進することとなった。また，旅客施設を中心とした一定の地区において，市町村が作成する基本構想に基づき周辺の道路，駅前広場，信号機等のバリアフリー化を進めていくこととなった。公共交通事業者等は，旅客施設を新たに建築，または大幅な改築を行う場合，もしくはバス，旅客船，航空機等を新たに導入する場合，移動円滑化基準に適合させることが義務づけられた。

　ハートビル法と交通バリアフリー法に分かれていたバリアフリー施策を一体的に運用していくため，2つの法律を統合することとした。そして，2006年に「高齢者，障害者等の移動等の円滑化の促進に関する法律（バリアフリー新法）」が成立し，現在に至っている。

（2）バリアフリー新法の概要

　このバリアフリー新法の目的は，高齢者，障害者等の移動や施設の利用の利便性，安全性の向上の促進を図り，公共の福祉の増進に資することである（第1条）。

　具体的には，公共交通機関，道路，建築物，公共施設のバリアフリー化を推進するとともに移動等円滑化に関する国民の理解の増進および協力の確保を図るための措置を講じていくことにしている。すなわち，バリアフリー化をハード面だけではなく，ソフト面からも進めていくための法律となっている。

　バリアフリー新法の基本理念は，高齢者，障害者，妊産婦等にとって日常生活や社会生活を営む上で障壁となるような社会における事物，制度，慣行，観念その他一切のものの除去に資すること，すべての国民が年齢，障害の有無その他の事情によって分け隔てられることなく共生する社会の実現に資することである（第1条の2）。本法は，社会的障壁の除去，共生社会の実現を基本理念とし，国，自治体，施設設置管理者，国民の責務を明確にした法律となっている。

　法律の仕組みでは，①公共交通施設や建築物等のバリアフリー化の推進，②地域における重点的・一体的なバリアフリー化の推進，③住民等の計画段階からの参加の促進，④スパイラルアップの導入と心のバリアフリーの促進が挙げられる。

　①　公共交通施設や建築物等のバリアフリー化の推進では，公共交通機関（駅，バスターミナルなどの旅客施設，鉄道・バス等の車両），特定建築物，道路，路外駐車場，都市公園を新しく建築・導入する場合，事業者・建築主などの施設管理者に対し，施設ごとに定められたバリアフリー化基準（移動等円滑化基準）への適合を義務づけている。また，既存の上記の施設等においては基準適合するように努めていく努力義務が課せられている。

　②　地域における重点的・一体的なバリアフリー化の推進では，市町村に

よる基本構想の作成とそれに基づく事業の実施のことである。市町村は
国が定めた基本方針に基づき，旅客施設を中心とした地区や福祉施設や
病院などの高齢者，障害者等が利用する施設が集まった地区を重点整備
地区とし，公共交通機関，建築物，道路，路外駐車場，都市公園，信号
機などのバリアフリー化を重点的に進めていくための基本構想を作成し，
事業を実施していくこととなっている。

③　住民等の計画段階からの参加の促進では，市町村が基本構想を作成す
る段階で高齢者や障害者等を含めた住民等の参加を図るため，協議会を
組織できることとなった。また，高齢者や障害者等が，基本構想の作成
又は変更を提案することができるようになった。

④　スパイラルアップとは好循環のことであり，スパイラルアップの導入
では高齢者や障害者などの当事者の参加により検証し，その結果に基づ
いて新たな施策や対応を行うことで段階的，継続的な発展を図っていく
ことが可能になっていく，というものである。このため，同法は当事者
参加を実現していく制度といえる。"心のバリアフリー" とは「様々な
心身の特性や考え方を持つすべての人々が，相互に理解を深めようとコ
ミュニケーションをとり，支え合うこと」である。"心のバリアフリー"
を促進していくために国・地方公共団体・国民の責務を明らかにしてい
る。2020年のバリアフリー法改正では市町村が作成する基本構想の事業
の一つとして，"心のバリアフリー" に関する教育啓発特定事業を追加
することとなった。

6　高齢者の居住の安定確保に関する法律（高齢者住まい法）

（1）高齢者住まい法成立の背景

　日本では高齢者世帯は「持ち家」に住んでいることが多い。2021年度版『高
齢社会白書』によると，65歳以上の者のいる主世帯の持ち家は82.1％である。
65歳以上の単身者においては66.2％となっている。このように高齢者の住まい

は「持ち家」が多い状況であり，これまでの高齢者の住宅に関する政策は，公営住宅を中心に行われていた。1964年に公営住宅法で位置づけられた老人世帯向け特定目的公営住宅が実施された。これは高齢者が住みやすい住環境を整えるということではなく，高齢者世帯でも公営住宅に入居できる仕組みをつくったというものである。

　高齢者に向けた住宅政策が本格的に実施されたのは，1987年に制度化されたシルバーハウジング制度である。シルバーハウジングとは公営住宅やUR都市機構等の公的住宅で，手すり，段差の解消，緊急通報システムを導入し，高齢者の生活に配慮した設備が整えられた住宅のことである。入居対象を60歳以上の高齢単身者・夫婦のいずれかが60歳以上の世帯，障害者単身世帯，障害者と配偶者からなる世帯等としている。入居高齢者に対し，ライフサポートアドバイザーを配置し，日常の生活支援，安否確認，緊急時の連絡等の役割を担っている。

　1996年に公営住宅法が改正され，高齢者等の入居の基準が緩和され，入居のハードルが下がることとなった。1998年度には「高齢者向け優良賃貸住宅制度」を実施し，公的住宅ではない民間賃貸住宅を活用し，高齢者の身体機能に合わせた住まいを提供することを目的としていた。2001年に高齢者の居住の安定的な確保を目的とした「高齢者の居住の安定確保に関する法律」（高齢者住まい法）が成立された。2006年には住生活基本法が制定され，その中で高齢者の居住する住宅のバリアフリー化を進めていく目標値が設定された。

　その後，高齢者単身・夫婦世帯の急激な増加，高齢者住宅の不足等の課題が顕著となり，介護・医療と連携して高齢者を支えるサービス付きの住宅を整えていく必要性があったことから，2011年に高齢者住まい法が改正された。それまで存在していた高齢者円滑入居賃貸住宅，高齢者専用賃貸住宅，高齢者向け優良賃貸住宅を廃止し，サービス付き高齢者向け住宅に一本化されることとなった（図表4-21）。

図表4-21　高齢者住まい法の改正概要

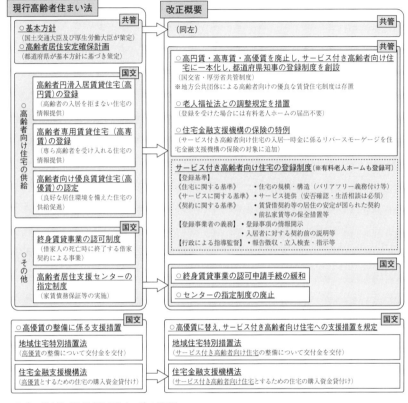

出典：熊本県「改正高齢者住まい法の概要」。

（2）高齢者住まい法とサービス付き高齢者向け住宅

1）高齢者住まい法の概要

　高齢者住まい法の目的は，高齢者が日常生活を営むために必要な福祉サービスの提供を受けることができる良好な居住環境を備えた高齢者向けの賃貸住宅等の登録制度を設けるとともに，良好な居住環境を備えた高齢者向けの賃貸住宅の供給を促進するための措置を講じ，良好な居住環境が確保され安定的に居住することができる賃貸住宅について終身建物賃貸借制度を設ける等の措置を

講じることによって，高齢者の居住の安定の確保を図ることである（第1条）。
国および自治体は高齢者の居住の安定の確保を図るため，必要な施策を講じる
よう努めなければならない（第2条）。基本方針として，国土交通大臣および厚
生労働大臣は，高齢者の居住の安定の確保に関する基本的な方針を定めなけれ
ばならない（第3条）。都道府県・市町村は，基本方針に基づき区域内における
高齢者の居住の安定の確保に関する計画（都道府県高齢者居住安定確保計画・市町
村高齢者居住安定確保計画）を定めることができる。高齢者居住安定確保計画で
は，区域内における高齢者に対する賃貸住宅及び老人ホームの供給の目標等を
設定することとなっている（第4条・第4条の2）。

2）サービス付き高齢者向け住宅

　サービス付き高齢者向け住宅（サ高住）とは，高齢者を入居させ，状況把握
サービス（安否確認），生活相談サービス，その他の高齢者が日常生活を営むた
めに必要な福祉サービスを提供する事業を行う高齢者向けの賃貸住宅，または
有料老人ホームのことで，都道府県知事の登録を受けたものである（第5条）。
登録は5年ごとに更新を受けなければ，効力を失うこととなっている。

　サ高住の対象は60歳以上の人，または要支援・要介護状態の人である。登録
基準は，各専用部分の床面積は原則25㎡以上であり，各専用部分に台所，水洗
便所，収納設備，洗面設備，浴室を備えていること，そして，廊下幅，段差解
消，手すりの設置等のバリアフリー構造になっている。都道府県知事は登録事
業者等に対し，その業務に関して必要な報告を求め，登録事業者，管理等受託
者の事務所，登録住宅に立ち入り，業務の状況や帳簿，書類その他の物件を検
査させ，関係者に質問させることができることとなっている（第24条）。また，
都道府県知事は，登録された登録事項が事実と異なるときは，登録事業者に対
し，訂正を指示することができ，また，この指示に従わないときには登録を取
り消すことができる。

　サ高住と有料老人ホームの関係は図表4-22のとおりである。サービス付き
高齢者向け住宅において，状況把握サービス（安否確認），生活相談サービスを
行っており，さらに介護の提供，食事の提供，家事の供与，健康管理の供与の

図表 4 - 22　サービス付き高齢者向け住宅と有料老人ホームの関係

サービス付き高齢者向け住宅と有料老人ホームの関係	有料老人ホームに該当しないサービス付き高齢者向け住宅	有料老人ホームに該当するサービス付き高齢者向け住宅
サービス内容	安否確認と生活相談	安否確認と生活相談＋介護の提供・食事の提供・家事の供与・健康管理のいずれか1つ以上実施

出典：高齢者住まい法・老人福祉法を基に筆者作成。

いずれかを行っていれば，有料老人ホームに該当することになる。このため，老人福祉法の指導監督の対象になる。同時に，2015年の介護保健法改正によりサ高住は住所地特例の対象施設に位置づけられることとなった。

7　高年齢者等の雇用の安定等に関する法律（高年齢者雇用安定法）

（1）高年齢者雇用安定法成立の背景

1）高齢者の就労状況

日本では，高齢になっても就労している割合が高い。2020年の就業状況で60〜64歳で約7割，65〜69歳で約5割，70〜74歳でも約3割が就業している。約10年前の2010年と比較しても，就業している割合が高くなっている（図表4-23）。

なお，諸外国と比較しても日本の高齢者は高い就労意欲を持っている。各国の60歳以上の者で「『収入の伴う仕事をしたい（続けたい）』とする割合は日本が40.2％と最も高く，次いでアメリカ29.9％，ドイツ28.1％，スウェーデン26.6％の順」となっている。実際に60歳以上の者の収入源で「仕事による収入」の割合が日本は高い傾向にある。日本20.8％，アメリカ17.3％，ドイツ16.2％，スウェーデン15.8％になっている。[24]このように日本の高齢者は就労意欲が高く，実際に就労する割合も高い傾向にあるが，裏を返せば年金だけの老後の生活では不安などといった背景もある。

図表 4 - 23　年齢階級別就業率の比較

	2010年	2020年
60〜64歳	57.1％	71.0％
65〜69歳	36.4％	49.6％
70〜74歳	22.0％	32.5％
75歳以上	8.3％	10.4％

出典：総務省「労働力調査」2022年を基に筆者作成。

2）高年齢者雇用安定法の変遷

　高齢になっても就業することができるための制度として「高年齢者等の雇用の安定等に関する法律（高年齢者雇用安定法)」がある。高年齢者雇用安定法は1971年,「高年齢者等の雇用の促進に関する特別措置法」として制度化された。この当時の1970年，高齢化率が7％を超えて日本が高齢化社会となり，高齢者の雇用の必要性が叫ばれる時期でもあった。このため，高年齢者雇用率制度として55歳以上の高年齢者を6％以上雇用する努力義務が課せられた。

　1986年に行われた改正において高年齢者雇用安定法に名称変更し，60歳定年制が努力義務となった。その後，1994年改正で60歳定年が義務化されることとなった。60歳定年制の義務化は老齢厚生年金の支給開始年齢が60歳から65歳まで段階的に引き上げることになったことが影響している。それでも60歳定年と老齢厚生年金の支給開始が65歳からでは5年の差があることから，これを埋めていくことが課題であった。2000年改正で定年の引き上げ等による高年齢者雇用確保措置の導入が努力義務化され，2004年改正では義務化されることとなった。2019年改正では65歳までの雇用確保（義務）に加え，65歳から70歳までの就業機会を確保するための高年齢者就業確保措置を講じる努力義務が新設されることとなった。

（2）高年齢者雇用安定法の概要

1）高年齢者雇用安定法の目的

　高年齢者雇用安定法は，定年の引き上げ，継続雇用制度の導入等による高年齢者の安定した雇用の確保の促進，高年齢者等の再就職の促進，定年退職者その他の高年齢退職者に対する就業の機会の確保等の措置を講じ，高年齢者等の職業の安定を図ることを目的としている（第1条）。高年齢者雇用安定法における「高年齢者」とは，厚生労働省令で定める55歳となっている（第2条・施行規則第1条)。

2）高年齢者就業確保措置

　事業主が定年を定める場合には，その年齢は60歳を下回ることができない

（第 8 条）。また，65歳までの高年齢者雇用確保措置として，以下のいずれかの措置を講じなければならない（第 9 条）。

①　65歳まで定年年齢の引き上げ
②　65歳までの継続雇用制度の導入[25]
③　定年制の廃止

　70歳までの就業機会を確保するために，高年齢者就業確保措置として，以下のいずれかの措置を講じることにより，65歳から70歳までの安定した雇用を確保するよう努めなければならない（第10条の 2）。

①　70歳までの定年引き上げ
②　定年制の廃止
③　70歳までの継続雇用制度（再雇用制度・勤務延長制度）の導入
④　70歳まで継続的に業務委託契約を締結する制度の導入
⑤　70歳まで継続的に社会貢献事業に従事できる制度の導入

3）事業主による高年齢者等の再就職援助

　事業主による高年齢者等の再就職の援助として，雇用する高年齢者が解雇，離職する場合において，再就職を希望するときは求人の開拓，再就職の援助に関し必要な措置（再就職援助措置）を講じるように努めなければならない。（第15条）公共職業安定所（ハローワーク）は事業主が講じるべき再就職援助措置について，事業主の求めに応じて必要な助言・援助を行うこととなっている。このため，事業主は再就職援助対象高年齢者が離職する場合には，あらかじめ，その旨をハローワークに届け出なければならない（第16条）。事業主は，解雇等により離職することとなっている高年齢者等が希望するときは，円滑な再就職を促進するため，職務の経歴，職業能力その他の当該高年齢者等の再就職に資する事項として求職活動支援書を作成し，交付しなければならない（第17条）。

このように事業主には，高年齢者が離職することになった場合でも，再就職を希望する場合に支援することが求められている。

8 育児休業，介護休業等育児又は家族介護を行う労働者の福祉に関する法律（育児・介護休業法）

（1）育児・介護休業法成立の背景

1）成立の背景

　1991年に「育児休業等に関する法律（育児休業法）」が成立，1992年に施行された。しかし，この制度は育児のみを対象とし，介護は含まれていなかった。1994年に高齢化率が14％を超えて高齢社会となり，介護の問題も社会問題となっていた。また，1995年，「家族的責任を有する男女労働者の機会及び待遇の均等に関する条約」に日本は批准したことから，介護を行っている労働者への対応も求められるようになった。そして，同年10月，「育児休業，介護休業等育児又は家族介護を行う労働者の福祉に関する法律（育児・介護休業法）」に改正され，介護休業制度が追加されることとなった。介護休業は配偶者，父母，子，配偶者の父母などで，連続3カ月を限度に家族1人につき1回認められた。1999年改正において，介護休業制が義務化されることとなった。

2）育児・介護休業法の変遷

　2009年改正では仕事と介護の両立支援を図るため，要介護状態の家族1人につき年5日（2人以上であれば年10日）の介護休暇制度が導入された。これは当時，要介護者の通院の付き添い等を年休や欠勤で対応している労働者が多かったことが影響している。

　介護休業制度が整備されているにもかかわらず，介護を理由とする離職（介護離職）は増加傾向にあった。毎年10万人前後の介護離職が発生し，50歳から60歳代の働くことのできる世代が介護のため，離職に至ってしまう状況が社会問題になっていた。2015年から実施されていた一億総活躍国民会議の中で「新・三本の矢」が出され，その一つに「安心につながる社会保障」が含まれ，その的として「介護離職ゼロ」を位置づけ，その対策をとっていくことが求め

図表 4 - 24　新・三本の矢

一億総活躍社会は少子高齢化に直面した我が国経済の活性化策　——包摂と多様性による持続的成長と分配の好循環

15年間のデフレの継続

これまでの「三本の矢」

- 企業の経常利益は過去最高水準
  （19.2兆円：2015年4－6月期）
- 賃上げ率は2年連続で前年を上回る伸び
  （＋2.20％＝17年ぶりの高水準）
- 有効求人倍率は，23年ぶりの高水準
  （1.24倍：2015年9月）
- →「デフレ脱却」までもう一息というところまで来ている。

経済成長の隘路の根本：
少子高齢化による労働供給減，将来に対する不安・悲観

（生産年齢人口：1984年8,178万人→1995年8,726万人（ピーク）→2014年7,785万人まで減少）
（高齢化率：1984年9.9％→2014年26.0％に上昇）

これまでの「三本の矢」の経済政策を一層強化し，民需主導の経済の好循環を確立。
（潜在成長率の向上）

- 成長の果実による子育て支援・社会保障の基盤強化

若者も高齢者も，女性も男性も，難病や障害のある方々も，一度失敗を経験した人も，国民一人ひとりが，家庭で，地域で，職場で，それぞれの希望が叶い，それぞれの能力を発揮でき，それぞれが生きがいを感じることができる社会を創る。
（包摂と多様性）

- 安心・将来の見通しが確かになることによる消費の底上げ，投資の拡大
- 多様な個人の能力の発揮による労働参加率向上やイノベーションの創出

個人消費の改善テンポに遅れ	企業収益に比して弱い設備投資	人手不足の顕在化・労働供給減
（消費総合指数（前月比）：2015年7月0.0％，8月0.6％，9月0.0％）	（民間設備投資：90年代半ば3年間約72兆円→直近3年間約68兆円）	（生産年齢人口：ピーク時1995年と足下2014年の差▲941万人）

結婚・子育ての希望が実現しにくい（合計特殊出生率：2014年1.42）	介護と仕事を両立しにくい（家族の介護・看護を理由とした離職・転職者：2011年10月～2012年9月10.1万人）

新・第一の矢：
希望を生み出す強い経済

- 賃上げによる労働分配率の向上
- 生産性革命による設備投資の拡大と生産性の向上
- 働き方改革による労働参加率の向上，イノベーションによる生産性の向上　等

新・第二の矢：
夢をつむぐ子育て支援

- 若者の雇用安定・待遇改善
- 仕事と子育てを両立できる環境
- 保育サービスなど結婚から妊娠・出産，子育てまで切れ目ない支援　等

新・第三の矢：
安心につながる社会保障

- 介護サービスの確保，
- 家族が介護と両立できる環境，家族への相談・支援体制，
- 健康寿命の延伸　等

新・第一の矢の的
GDP600兆円

新・第二の矢の的
希望出生率1.8

新・第三の矢の的
介護離職ゼロ

新・三本の矢の好循環を確かなものとし，長く継続することで，50年後に一億人を維持。

出典：首相官邸「第3回一億総活躍国民会議資料3」2015年11月26日。

られることとなった（図表4 - 24）。

2016年改正では介護離職を防止し，仕事と介護の両立を可能とする制度の整備を行った。改正の内容では，①3回を上限として通算93日まで介護休業を分割して取得することができる，②介護休暇の半日単位の取得を可能とする，③介護のための所定労働時間の短縮措置の期間の拡充等であった。「2019（令和元）年育児休業，介護休業等育児又は家族介護を行う労働者の福祉に関する法律施行規則」の一部を改正する省令において，2021年1月よりこれまでは半日単位での取得が可能だった介護休暇が，時間単位で取得することが可能となった。また，1日の所定労働時間が4時間以下の労働者は介護休暇を取得できなかったが，すべての労働者が取得できることとなった。

（2）育児・介護休業法の概要

1）育児・介護休業法の目的

育児・介護休業法は育児休業・介護休業に関する制度，子の看護休暇，介護休暇に関する制度を設けるとともに子の養育，家族の介護を容易にするため，所定労働時間等に関し事業主が講ずるべき措置を定めるほか，子の養育，または家族の介護を行う労働者等に対する支援措置を講じることによって退職せずに済むよう雇用の継続を図るとともに，退職した労働者の再就職の促進を図っていく制度である。また，子の養育又は家族の介護を行う労働者の職業生活と家庭生活との両立に寄与することを通じ，福祉の増進を図るとともに日本の経済及び社会の発展に資することを目的としている（第1条）。

2）介護休業制度の概要

介護休業の対象になる人は，要介護状態（負傷，疾病，または身体上，もしくは精神上の障害により2週間以上の期間にわたり常時介護を必要とする状態）にある対象家族を介護する労働者である。対象となる家族の範囲は配偶者，父母，祖父母，兄弟姉妹，孫となる。対象家族1人につき3回，通算93日間介護休業を取得することができる。介護休業中の経済的支援として，雇用保険の被保険者の場合，休業開始時賃金月額67％の介護休業給付金が支給されることとなってい

る。

　介護休暇は要介護状態にある対象家族の介護その他の世話を行う労働者が1年に5日（対象家族が2人以上の場合，10日）まで，取得することができる。その他の世話とは対象家族の通院等の付き添い，介護サービスを受けるための手続き等のことである。2020年までは1日，または半日単位だったが，2021年1月より1日または時間単位で取得することが可能となった。

　要介護状態にある対象家族を介護する労働者から残業の免除の請求があった場合，事業主は所定労働時間を超えて労働させてはならない。また，時間外労働の制限として事業主は制限時間（1カ月24時間，1年150時間）を超えて時間外労働をさせてはならない。深夜業の制限として，事業主は午後10時から午前5時までの間労働させてはならないこととなっている。これらはいずれも介護が終了するまでの期間である。

　介護のための所定労働時間短縮等の措置として，事業主は利用開始日から3年以上の期間で2回以上利用できるようにしなければならない。また，事業主は所定労働時間短縮，フレックスタイム制度，時差出勤，介護サービス費用の助成のいずれかの措置を講じなければならないこととなっている。

　これらのほかに介護休業を取得する等の理由により，労働者に解雇や不利益な取り扱いをしてはならない。また，介護休業等を理由に上司・同僚による就業環境を害する行為（ハラスメント）を防止するための措置を講じなければならないこととなっているが，コロナ禍ともあって実態はそこまで追いついておらず，外国人技能実習生も含む解雇，雇い止めなども課題となっている。

注
(1)　国際連合は65歳以上を高齢者と位置づけ，全人口に占める65歳以上の者の割合が7％超を高齢化社会，14％超を高齢社会，21％超を超高齢社会としている。日本では1970年に高齢化社会，1994年に高齢社会，2007年に超高齢社会を迎えている。
(2)　内閣府（2015）『高齢社会白書 平成27年版』（http://www8.cao.go.jp/kourei/whitepaper/w-2015/zenbun/pdf/1s2s_1.pdf，2021年9月21日アクセス）。
(3)　補足給付については，それまでの第3段階を市町村民税非課税で①年金収入等80

万円超120万円以下，②年金収入等120万円超と120万円のラインで2つに区分した。

⑷　介護保険特別会計とは市町村の通常のお金の出し入れとなる一般会計とは別に介護保険の事業に関する金銭の出し入れを管理することである。

⑸　指定介護予防支援事業者は地域包括支援センターが原則であるが，居宅介護支援事業所に業務委託をしている場合もある。

⑹　広域連合とは，地方自治法に基づき複数の都道府県，市町村が共同して構成する自治体である。広域にわたり処理することが適当であると認められる事務に関し，共同して処理を行う。一部事務組合も同じ内容であるが，広域連合の場合，事務の処理について広域計画を作成する，国，都道府県から権限等の委任を受けることができる住民による直接請求が認められている等の違いがある。

⑺　介護保険制度の保険料率の段階数は原則9段階であるが，市町村の実情に応じて細かく設定することが可能となっている。

⑻　要介護（要支援）認定の有効期間は新規の認定の場合，原則6カ月，更新の認定の場合，原則12カ月となる。

⑼　保険者である市町村に設置され，最終的な要介護（要支援）認定について審査判定を行う組織。委員は保健，医療，福祉に関して高い知識を持った者の中から市町村長が任命する。

⑽　要介護認定の結果を受ける前にサービス利用する場合，暫定ケアプランを作成してサービスを受けることになる。また，サービス料については全額を自己負担し，要介護認定後に保険者に申請して9割（8割，または7割）の現金の払い戻しを受ける「償還払い」となる。

⑾　2019年10月1日から消費税率10％への引き上げに伴い，支給限度額が増額されている。

⑿　介護療養型医療施設はすべてが介護医療院に変わるわけではなく，機能の違いで介護老人保健施設等にも変わることになっている。

⒀　社会保障を充実させるための事業は，2012年からの「社会保障と税の一体改革」に基づいて行われた2014年の消費税8％の増税に伴うものである。地域支援事業を再構築させ，かつ充実させるために設けられた。

⒁　厚生労働省（2005）「2015年の高齢者介護」（https://www.mhlw.go.jp/topics/kaigo/kentou/15kourei/3.html#3-2-4，2021年9月22日アクセス）。

⒂　保険者である市町村が設置する場合を直営方式，法人に委託する場合を委託方式という。

⒃　全国社会福祉協議会「老人福祉法の解説」1963年，82頁。

⒄　1973（昭和48）年，田中角栄内閣が福祉国家の実現を目指し，老人医療費の無料

化や年金給付水準の引き上げ等を実施した。

⒅　病状が安定して入院する必要はないが，介護者不在等の理由で病院に入院すること。

⒆　老人保健法に基づいて行われる保健事業で，40歳以上を対象にした生活習慣病の予防等を行う。

⒇　厚生労働省老健局「市町村・都道府県における高齢者虐待への対応と養護者への支援について　1高齢者虐待防止の基本」2006年，13-14頁。

㉑　鉄道施設，軌道施設，バスターミナル，輸送施設，高級旅客ターミナル施設で，公共交通機関を利用する旅客の乗降，待ち合い等を行う施設。

㉒　ユニバーサルデザイン2020行動計画（2017年2月ユニバーサルデザイン2020関係閣僚会議）。

㉓　教育啓発特定事業の学校におけるバリアフリー教室や住民向けバリアフリー講演会，セミナーの開催等のことである。

㉔　内閣府『高齢社会白書 令和3年版（全体版）』2021年，57頁。

㉕　本人の希望によって現在雇用している高年齢者を，定年後も引き続き雇用する制度で再雇用制度と勤務延長制度がある。

㉖　「新・三本の矢」の実現を目的に内閣総理大臣を議長とし，関係閣僚及び有識者により構成される会議。2015年10月から2016年6月まで合計9回実施され「ニッポン一億総活躍プラン」が閣議決定された。

参考文献
・第1節
厚生労働省『厚生労働白書 平成30年版』日経印刷，2019年。
厚生労働統計協会編『保険と年金の動向2019/2020』厚生労働統計協会，2019年。
厚生労働統計協会編『国民の福祉と介護の動向2019/2020』厚生労働統計協会，2019年。
坂口正之・岡田忠克編『よくわかる社会保障　第5版』ミネルヴァ書房，2018年。
広井良典・山崎泰彦編著『社会保障』（MINERVA 社会福祉士養成テキスト⑲）ミネルヴァ書房，2017年。

・第2～8節
厚生労働省「育児・介護休業法のあらまし」2022年。
島崎謙治『医療政策を問いなおす―― 国民皆保険の将来』ちくま新書，2015年。
全国社会福祉協議会「老人福祉法の解説」1963年。
日本社会福祉士会編『市町村・都道府県のための養介護施設従事者による高齢者虐待対応の手引き』中央法規出版，2012年。

　介護保険制度は，団塊世代がすべて75歳以上の後期高齢者になる2025年だけではなく，当面，2040年を見据えた制度改革が求められている。その理由として，2040年に向けて高齢者が増加していくことはもとより，地域によっては既に高齢化のピークを過ぎ，介護ニーズが減少している所もあるからである。

　高齢化のピークを過ぎた所，これから近く高齢化のピークを迎える所，ますます高齢化が進む所など地域によって実情は様々である。そのため，保険者には，現状に応じた介護保険サービスの基盤整備だけではなく，今後の人口動態等，地域の実情に応じた将来を見据えた基盤整備が求められている。

<table>
<tr><td>第5章</td><td>高齢者と家族等の支援における
関係機関と専門職の役割</td></tr>
</table>

学びのポイント

本章では，高齢者とその家族を支えるための介護保険制度に関連する国，都道府県，市町村の役割や指定事業者が提供するサービス内容を把握する。また，高齢者が住み慣れた地域や施設で尊厳を守りながら自分らしい生活ができるために必要な関連機関や専門職の役割を把握し，高齢者と家族への支援について学ぶ。

1 高齢者と家族等の支援における関係機関の役割

(1) 国・都道府県・市町村

　介護保険制度は市町村が保険者になり，中心的な役割を果たしている。都道府県は市町村間の連絡調整や財政調整を行っている。国は，介護保険制度の基盤となるサービスの内容や事業者に支払われる報酬の単価を決める根幹の役割を担っている（図表5-1）。

1）国の役割

　国は介護保険制度の根幹を担う。介護保険法や政省令，規則，事務連絡を通じて，介護保険サービスの改革を行っている。とくに3年に一度改定される介護報酬は介護保険サービスにおける経営の根幹であり，社会保障審議会介護給付分科会で議論され，決定される。介護報酬は介護保険サービスの公定価格であるため，全国の事業者が一律に遵守する必要があり，経営に大きな影響を与える。また，介護報酬は利用者や家族の負担額にも影響を及ぼされる。国は介護保険制度（サービス）の20〜25％を公費負担している。国の主な役割は下記（①〜④）のとおりである。

図表 5-1 介護保険制度の仕組み

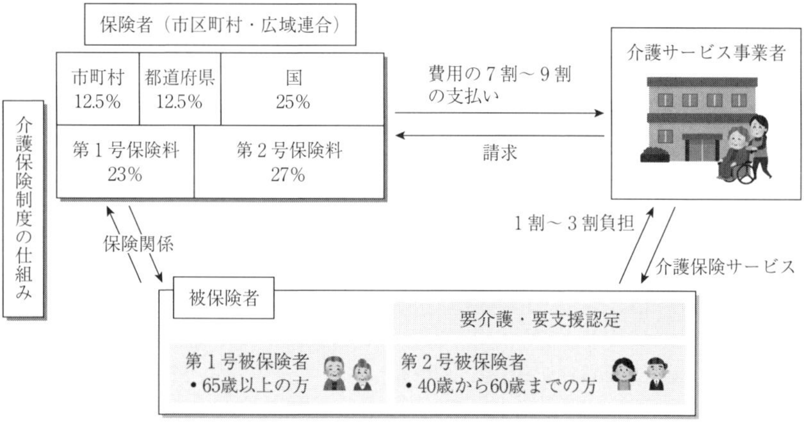

出典：厚生労働省「介護保険制度について」(https://www.mhlw.go.jp/content/12300000/000614771.pdf, 2021年7月20日アクセス)。

① 介護保険制度の運営に必要な基準等の設定

施設や事業者の規程および基準の設定と被保険者の条件等を設定する。

② 保険給付や財政安定化基金への拠出などの財政負担

介護保険制度の財源は被保険者から50％，公費50％で担う。国は公費のうち，25％を負担する。市町村の財政格差や災害等で生じた財政格差を国が調整交付金で9％（普通7％と特別2％）負担する。保険料が見込みよりも少なかった場合，その額の3分の1を国が財政安定化基金で負担する。

③ 介護サービス基盤の整備

国は必要な施設の種類や数，地域等を策定する。また，地域密着型サービスの整備のための交付金等を決定する。

④ 助言・監督・指導

介護保険事業の円滑な運営のための市町村・都道府県への助言・監督・指導市町村・都道府県が行うサービス提供事業者への助言・監督・指導等を行う。

2）都道府県

都道府県は介護保険事業支援計画について3年を1期として作成し，市町村

との連絡調整などを担う。都道府県の介護保険制度（サービス）の<u>公費負担は在宅サービスが12.5％，施設サービスが17.5％</u>である。都道府県の主な役割は下記（①～⑤）のとおりである。

①　指定居宅サービス事業者や施設の指定および取り消し

訪問介護や看護，通所介護等のサービス事業者や介護保険施設の指定および取り消しを行う。

②　財政調整基金の設置

財政調整基金は市町村の介護財政がショートした場合，資金提供をする仕組みである。財政調整基金の財源は国，都道府県，市町村が３分の１ずつ負担する。

③　介護保険審査会の設置

介護保険審査会は市町村の要介護認定等の処分に不服がある場合に申し出る機関である。前置主義であるため，この制度を利用しない限り行政不服審査の申し立てはできない。

要介護認定審査の結果に納得がいかない場合，まずは市町村にもう一度訪問調査や二次判定をするか検討してもらい，再調査や再判定の必要がないと判断されたら市町村の介護認定審査会に再調査を依頼することができる。それでも納得できない，または解決できない場合，都道府県の介護保険審査会に不服申し立てることができる。現状としては介護認定審査の結果に納得がいかないケースの多くが，市町村に対して区分変更（区変）の申請を行っている。

④　介護支援専門員の養成

介護支援専門員（ケアマネジャー）の試験は都道府県が行い，その管理業務も都道府県が行う。

⑤　そ の 他

介護保険サービスの情報の公開事務も担っている。

3）市 町 村

市町村は，３年を１期として<u>介護保険計画</u>を作成する。市町村の介護保険制度（サービス）財政の<u>公費負担は12.5％</u>である。市町村の主な役割は下記（①～

図表 5 - 2　被保険者の区分

第 1 号被保険者	65歳以上の者
第 2 号被保険者	40歳から65歳未満の医療保険加入者

出典：筆者作成。

図表 5 - 3　要介護認定までの流れ

出典：筆者作成。

⑥) のとおりである。

①　介護保険制度の保険者

介護保険制度における市町村の最大の役割は保険者としての役割である。第1号被保険者は65歳以上，第2号被保険者は40歳から65歳未満の者である（図表 5 - 2）。

②　介護保険料の設定と徴収

保険者である市町村はこれら第 1 号被保険者と第 2 号被保険者の介護保険料を設定し，徴収する。

③　要介護の認定

市町村では保健・医療・福祉の専門職で構成される介護認定審査会で要介護認定を行うことも重要な役割である（図表 5 - 3）。

　　市町村に申請　　介護保険の申請は原則として本人が行う。ただし，本人による申請が困難な場合は，家族や居宅介護支援事業者，民生委員等が本人に代わって申請することができる。

　　市町村の調査　　初回の訪問調査は市町村の職員が行う。それ以降は市町村の職員，または委託された調査員が実施する。

市町村の認定　　一次判定は，全国共通の調査票に記入し，コンピューターで行う。二次判定は，一次判定の結果に主治医の意見書を合わせ，保健・医療・福祉の専門職で構成された介護認定審査会で行う。

要介護度の決定　　介護認定の結果，「非該当」「要支援1・2」「要介護1～5」と認定される。

ケアプラン作成　　介護支援専門員（ケアマネジャー）と相談し，要介護度の範囲内で様々なサービスを組み合わせて利用できる。

サービス利用　　介護保険サービス料の負担割合は所得に応じて1～3割負担である。

④　地域密着サービス事業者の指定

認知症のグループホーム（認知症対応型共同生活介護）などは地域密着型サービスとされており，これらの指定は市町村長が行う。

⑤　市町村は事業者への介護報酬の審査・支払い

市町村は事業者への介護報酬の審査・支払いを国民健康保険団体連合会に委託している。

⑥　苦情相談の窓口も設定する。

要介護認定の結果に納得がいかない場合，被保険者は市町村に対し，再度訪問調査や二次判定を検討してもらうことができる。もし再調査や再判定が必要ないと判断されたら，市町村の介護認定審査会に再調査を依頼できるように，市町村には苦情相談の窓口を設定している。

（2）指定サービス事業者

介護保険サービスは，都道府県知事や市町村長が指定したサービス事業者によって行われる。介護保険サービスには，①居宅サービス，②施設サービス，③地域密着型サービスがある（図表5-4）。

1）居宅サービス

居宅サービスは，自宅で日常生活を送る高齢者を支えるための介護保険サービスで，訪問サービス，通所サービス，短期入所サービス，その他のサービス

図表 5 - 4　　介護保険サービスの種類

居宅サービス	自宅で日常生活を送る高齢者を支えるための介護保険サービス
施設サービス	施設に入所した要介護状態の高齢者に提供されるサービス
地域密着型サービス	身近な地域で生活し続けられるよう，事業所のある市町村の要支援・要介護状態の高齢者に提供されるサービス

出典：筆者作成。

の 4 つある。

①　訪問サービス

利用者宅にホームヘルパーが訪問し，日常生活支援を行う訪問介護，簡易浴槽等で入浴介助を行う訪問入浴介護，医師の指示のもとで看護師や保健師が診療を行う訪問看護，理学療法士等のリハビリテーションの専門家が訪問して行う訪問リハビリテーション，医師・看護師等が療養上の指導を行う居宅療養管理指導がある。

②　通所サービス

デイサービスと呼ばれる通所介護とデイケアと称される通所リハビリテーションがある。このうち，通所介護は利用者が自宅で自立した日常生活が送られるよう，自宅からデイサービスセンターに通う利用者に対し，入浴，排泄，食事等の介護，機能訓練等が行われる。通所介護サービスは利用者の心身の機能維持や社会参加の場として利用者の社会的孤立の防止，家族の介護負担軽減をも目的にしている。通所リハビリテーションは自宅から通う利用者に介護老人保健施設等で理学療法士，作業療法士等の専門職から機能の維持回復訓練や日常生活動作訓練が行われる。

③　短期入所サービス

ショートステイと呼ばれる短期入所生活介護，短期入所療養介護がある。短期入所生活介護は短期間入所した利用者に対し，入浴，排泄，食事等の介護や日常生活上の世話および機能訓練を行う。短期入所療養介護は短期間入所した利用者に対し，看護，医学的管理下における介護および機能訓練その他必要な医療並びに日常生活上の世話を行う。

④　その他のサービス

特定施設入居者生活介護，福祉用具貸与，特定福祉用具販売・購入，居宅介護住宅改修費（介護予防住宅改修費）がある。

特定施設入居者生活介護は，特定施設（有料老人ホーム，軽費老人ホーム（ケアハウス），養護老人ホーム）入居の要介護者を対象に日常生活上の世話，機能訓練，療養上の世話を行う。福祉用具貸与は13品目の福祉用具を介護保険で貸与し，日常生活上の便宜を図ることで，家族の介護負担を軽減する。特定福祉用具販売・購入は貸与になじまない入浴や排泄に関連する特定福祉用具を介護保険で購入することができる。

居宅介護住宅改修費（介護予防住宅改修費）は，介護保険を利用して要介護者宅に手すりや段差をなくす等の住宅改修を行うことができる。要支援者も介護予防住宅改修費を利用できる。居宅介護住宅改修費（介護予防住宅改修費）は，償還払いで20万円を上限に原則1回給付される。ただし，要介護状態区分が3段階上昇した場合や引っ越しをした場合は，再度20万円までの住宅改修費が支給される。居宅サービスの利用料は居住地のある市町村や要支援・要介護度，サービスの種類によって異なる（図表5-5）。

2）施設サービス

施設サービスは，①介護老人福祉施設（特別養護老人ホーム），②介護老人保健施設，③介護療養型医療施設，④介護医療院に入所した要介護状態にある高齢者に対して提供されるサービスである。

介護老人福祉施設（特別養護老人ホーム）では，主に食事・排泄・入浴等の介護が提供されるのに対し，介護老人保健施設や介護療養型医療施設，介護医療院では医学管理下における介護やリハビリテーション，療養上の管理や看護などのサービスも提供されている。

①　介護老人福祉施設（特別養護老人ホーム）

「特養」と呼ばれる要介護高齢者の日常生活を支える生活施設である。「介護老人福祉施設（特別養護老人ホーム）」の入所条件は「要介護度3」以上である。

図表5-5　居宅サービスの種類とサービス内容

訪問サービス	サービス内容
訪問介護	利用者の自宅に訪問して買い物や掃除，食事や排泄の介助などを行う。
訪問入浴介護	利用者の自宅に訪問し，移動式浴槽を用いて入浴などを行う。
訪問看護	利用者の自宅に訪問して，医師の指示に基づく医療処置，医療機器の管理，床ずれ予防・処置などを行う。
訪問リハビリテーション	利用者の自宅に訪問してリハビリテーションの指導・支援などを行う。
居宅療養管理指導	医師，歯科医師，薬剤師，看護職員，歯科衛生士又は管理栄養士が，通院が困難な利用者宅に訪問し，療養上の管理及び指導を行う。
通所サービス	
通所介護	施設に通う利用者に，食事，入浴や排泄の介助，リハビリテーションやレクリエーションなどを提供する。
通所リハビリテーション	介護老人保健施設や病院，診療所などに通う利用者に，リハビリテーションを提供する。
短期入所サービス	
短期入所生活介護	施設に利用者が短期間宿泊し，食事や排泄，入浴の介助などの介護やリハビリテーションやレクリエーションなどを提供する。
短期入所療養介護	施設に利用者が短期間宿泊し，療養生活の質の向上を図るため，身体介護や生活援助に加えて医療ケアや機能訓練なども提供する。
その他サービス	
特定施設入居者生活介護	有料老人ホーム，軽費老人ホーム（ケアハウス），養護老人ホームにおいて，食事や排泄の介護，リハビリテーションやレクリエーションなどを提供する。
福祉用具貸与	利用者に，車椅子や特殊ベッドなどの福祉用具をレンタルする。
特定福祉用具販売・購入	利用者に，腰掛便座，特殊尿器，入浴補助用具などの福祉用具を販売する。
居宅介護住宅改修費（介護予防住宅改修費）	利用者の自宅に，手すりの取り付け，段差解消などの小規模な改修を実施する。

出典：厚生労働省「介護保険の解説——サービス編」(https://www.kaigokensaku.mhlw.go.jp/commentary/service.html#service1-1，2021年8月2日アクセス）を基に筆者作成。

②　介護老人保健施設

　老健と称される「要介護度1」以上の要介護者が利用できる施設である。介護老人保健施設は，在宅復帰を目指す施設として，利用者が可能な限り自立した日常生活が送られるよう，リハビリテーションや医療，介護サービスが提供される。

図表 5-6　施設サービスの種類とサービス内容

分　　類	介護保険適用サービス	サービス内容
施設サービス	介護老人福祉施設入居者生活介護	介護老人福祉施設（特別養護老人ホーム）に利用者を長期間受け入れ，食事や入浴，排泄の介護，リハビリテーションやレクリエーションなどを提供する。
	介護老人保健施設入居者生活介護	介護老人保健施設に利用者を一定期間受け入れ，医療処置と食事や排泄の介護などを提供する。
	介護療養型医療施設入居者生活介護	介護療養型医療施設に利用者を受け入れ，医学管理下におけるリハビリテーションと食事や排泄の介護などを提供する。
	介護医療院	長期にわたり療養が必要な方を受け入れ，医療的ケアと介護を一体的に提供する。

出典：厚生労働省「介護保険の解説——サービス編」（https://www.kaigokensaku.mhlw.go.jp/commentary/service.html#servic4-1，2021年 8 月 2 日アクセス）を基に筆者作成。

③　介護療養型医療施設

　療養病床等を有する病院または診療所であって，当該療養病床等に入院する要介護者に対し，痰の吸引，経管栄養等の長期間にわたって医学的な管理下の療養が必要な要介護高齢者の入所施設である。しかしながら，医療は医療機関，介護は介護施設で行うことになり，介護療養型医療施設は2023年度末に廃止される予定である。この介護療養型医療施設の受け皿として，2018年 4 月に介護医療院が創設された。

④　介護医療院

　要介護高齢者を対象に日常的な医学管理や看取りやターミナルケア等の長期的な医療機能と介護ニーズに応えた生活施設として機能を兼ね備えた施設として位置づけられている（図表 5-6）。

3 ）地域密着型サービス

　地域密着型サービスは，地域で安心して生活を続けられる仕組みとして，2005年に新設されたサービスである。地域密着型サービスは介護が必要になっても高齢者が身近な地域で生活し続けられるよう，事業所のある市町村の要介護者・要支援者に提供されるサービスである。

　地域密着型サービスでは訪問・通所・短期入所によるサービス，認知症の人

向けのサービス，特定施設や介護保険施設におけるサービスなどが提供されている。地域密着型サービスは，サービスの種類が多いので，ここでは①訪問・通所型サービス，②認知症対応型サービス，③施設・特定施設型サービスに分けて理解する。

　①　訪問・通所型サービス

　地域密着型訪問・通所型サービスでは，自宅で暮らす要介護者・要支援者を訪問あるいは施設に受け入れ，買い物や掃除等の生活支援，食事や排泄などの介護，健康管理や衛生管理指導等の看護を提供している。

　なお，複数の居宅サービスや地域密着型サービスを組み合わせて提供するサービスは，複合型サービス（看護小規模多機能型居宅介護）と呼ばれている。

　②　認知症対応型サービス

　地域密着型認知症対応型サービスは，自宅から通ってきた認知症の人やグループホーム内に入居する認知症の人に買い物や掃除等の生活支援や認知症ケア等を提供するサービスである。

　③　施設・特定施設型サービス

　地域密着型施設・特定施設型サービスは，介護老人福祉施設（特別養護老人ホーム）や有料老人ホームに入居する要介護者・要支援者に，買い物や掃除などの生活支援，食事や排泄等の介護，リハビリテーション・看護・入浴などを提供するサービスである（図表5-7）。

　利用者は，ニーズに合わせて支給限度基準額範囲内のサービスを介護支援専門員（ケアマネジャー）と一緒に決めてサービスを利用することができる。そして，所定の負担割合にのっとり，かかった費用をサービス事業者ごとに支払う。

（3）国民健康保険団体連合会

　「熱を出して内科を受診した」「歯が痛くて歯科を受診した」という時に，かかった医療費が一定額（概ね3割，年齢により異なる）で済むのは，公的な医療保険に加入しているためである。国民健康保険は，加入している国民（被保険者）が都道府県や市町村等（保険者）に対して保険料を支払っておくことで，

図表5-7　地域密着型サービスの種類とサービス内容

分　　類	介護保険適用サービス	サービス内容
訪問・通所型サービス	小規模多機能型居宅介護	1つの拠点で訪問・通所・短期入所の全サービスを提供する。
	夜間対応型訪問介護	夜間の定期的な訪問や緊急時の随時訪問による介護を行う。
	定期巡回・随時対応型訪問介護看護	日中・夜間を通じて1日複数回の定期訪問と緊急時の随時訪問による介護と看護を一体で提供する。
	看護小規模多機能型居宅介護（複合型サービス）	医療処置が必要な人の住み慣れた自宅での療養を支える介護保険サービスである。訪問看護，訪問介護，通い，泊まりを24時間365日提供する。
認知症対応型サービス	認知症対応型通所介護	施設に通ってきた認知症の人に，食事や入浴，排泄の介護，リハビリテーションやレクリエーションなどを提供する。
	認知症対応型共同生活介護	グループホームにおいて，見守りや生活援助，リハビリテーションやレクリエーションなどを提供する。
施設・特定施設型サービス	地域密着型特定施設入居者生活介護	利用人数29人以下の，介護付き有料老人ホームやケアハウス，サービス付き高齢者向け住宅（サ高住）などにおいて，食事や入浴，見守り等の生活支援や機能訓練を行う。
	地域密着型介護老人福祉施設入居者生活介護	利用人数29人以下の特別養護老人ホームにおいて，食事や入浴，排泄の介護，機能訓練や療養上の生活支援を行う。

出典：厚生労働省「介護保険の解説——サービス編」（https://www.kaigokensaku.mhlw.go.jp/commentary/service.html#service2-1, 2021年8月2日アクセス）を基に筆者作成。

医療機関を受診した際に費用の一部が保険で賄われたり，1カ月の医療費が一定額を超えた場合にその超過分が還付される公的な医療保険である。企業や法人に雇用されている人は職場の健康保険に加入しており，その扶養家族も同時加入している。75歳以上の人は後期高齢者医療制度の対象であり，生活保護を受給している人は，生活保護制度による医療扶助の対象となる。それ以外の，例えば個人で店を経営している自営業の人，無職もしくはパートやアルバイトで職場の健康保険に加入していない人，在留3カ月以上の外国籍の人等が国民健康保険の加入対象となる（図表5-8）。

　国民健康保険の運用にあたって，国民健康保険団体連合会（国保連）が国民健康保険法第83条に定められている。国民健康保険を含む公的な医療保険制度

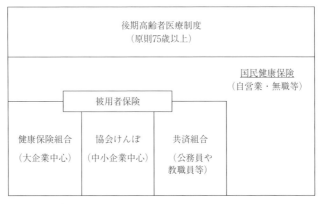

図表 5 - 8 公的医療保険の位置づけ

後期高齢者医療制度
（原則75歳以上）

国民健康保険
（自営業・無職等）

被用者保険

健康保険組合
（大企業中心）

協会けんぽ
（中小企業中心）

共済組合
（公務員や
教職員等）

出典：筆者作成。

に関する団体の連合会である。つまり，市町村（国民健康保険や介護保険等の保険者）が共同で事務を行うための団体（連合会）であり，47都道府県に 1 つずつ設置されている。このため，国保連では国民健康保険等の審査支払に関する事務のほか，保険者による共同事業が行われている。審査支払の主な事業は，国民健康保険の診療報酬等，介護保険制度に係る介護給付費等，障害者総合支援給付費等がある。介護保険の審査支払を例にとると，図表 5 - 9 のようになる。介護保険では，保険給付が必要になった事由が第三者の行為によるものだった場合の第三者行為損害賠償請求事務や，サービス利用者等からの苦情・相談を受け付け，サービス事業者に対して必要な指導・助言等を行う介護サービス相談・苦情処理業務等がある（介護保険法第176条）。

（4）地域包括支援センター

　地域包括支援センターは，地域における福祉の総合相談窓口といわれる。介護保険制度の地域支援事業に基づき市町村が一定の圏域ごと（日常生活圏域）に設置している（2020年 4 月末時点，全国に5,221カ所）。高齢・疾病で介護が必要になった際，市町村と並んで最初に相談すべき機関といえる。日常生活圏域は，支援を必要とする高齢者の日常生活における行動範囲，あるいはおおむね30分

図表 5 - 9　介護給付費請求の流れ

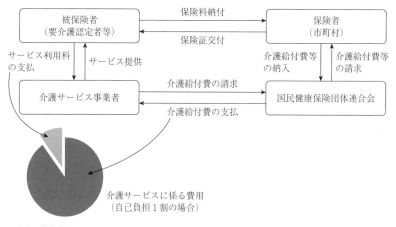

出典：筆者作成。

図表 5 - 10　地域包括支援センターに配置される 3 職種
（介護保険法施行規則第140条68第 1 号イ）

原則配置	左記の人員確保が難しい場合の「準ずる者」
保健師　1 人	地域ケア，地域保険等に関する経験のある看護師（准看護師は含まない）で，高齢者に関する公衆衛生業務経験を 1 年以上有する者
社会福祉士　1 人	福祉事務所の現業員等の業務経験が 5 年以上　または　介護支援専門員の業務経験が 3 年以上あり，かつ，高齢者の保健福祉に関する相談援助業務に 3 年以上従事した経験を有する者
主任介護支援専門員 1 人 ※更新制	ケアマネジメントリーダー研修を終了し，介護支援専門員としての実務経験を有し，かつ，介護支援専門員の相談対応や地域の介護支援専門員への支援等に関する知識及び能力を有している者

注：地域包括支援センターが担当する区域における第 1 号被保険者（65歳以上の高齢者）の数がおおむね3,000人以上6,000人未満ごとに置くべき常勤職員の員数。また，社会福祉士および主任介護支援専門員に「準ずる者」を配置する場合，将来的には社会福祉士，主任介護支援専門員の配置を行うこと。
出典：厚生労働省「『地域包括支援センターの設置運営について』の一部改正について」2018年 5 月10日通知より抜粋，一部改変。

以内に必要なサービスが提供可能な範囲（中学校通学区域程度）とされている。その圏域を担当する地域包括支援センターに保健師，社会福祉士，主任介護支援専門員（主任ケアマネジャー）の 3 職種（図表 5 - 10）が配置されている。保健師は公衆衛生，社会福祉士はソーシャルワーク，主任介護支援専門員（主任ケアマネジャー）はケアマネジメントの専門職として，それぞれの専門性を活か

図表5-11 地域包括支援センターで実施される包括的支援事業（介護保険法第115条の45）

```
◇包括的支援事業
 □地域包括支援センターの運営
  ○介護予防ケアマネジメント業務（第1号介護予防支援事業）（第1項第1号二）
  ○総合相談支援業務（第2項第1号）
  ○権利擁護業務（第2項第2号）
  ○包括的・継続的ケアマネジメント業務（第2項第3号）
 □地域ケア会議の実施
 □在宅医療・介護連携推進事業（第2項第4号）
 □生活支援体制整備事業（第2項第5号）
 □認知症総合支援事業（第2項第6号）
```

出典：厚生労働省『地域支援事業交付金について』より一部抜粋（https://www.mhlw.go.jp/jigyo_shiwake/dl/h30_jigyou02a_day2.pdf，2021年8月2日アクセス）。

して連携し，地域特性や資源を把握しながら図表5-11の事業を実施している。総じていえば以下のようになる。

① 高齢者に関する困りごとを中心とした福祉関係の相談に応じる。
② 高齢者虐待や支援困難事例への対応，専門職への指導・助言を行う。
③ 同時に，地域住民向けの講座や地域でのボランティア活動支援も行う。
④ それらの過程で地域住民や福祉・保健医療の専門職等と連携，協議する。

つまり，個別の相談支援から地域づくりまで総合的に取り組む機関である。

具体的には，介護予防ケアマネジメント業務では，担当圏域内の要支援者等が何らかの支援を必要とする際，介護予防ケアプランの作成等を行う。総合相談支援業務では，高齢者を中心に制度横断的に困りごとの相談に応じる。権利擁護業務では，高齢者虐待や成年後見制度利用ケースに対応し，地域での普及啓発を行う。包括的・継続的ケアマネジメント業務では，担当地域を中心に福祉サービス提供体制が強化されるよう，その地域で働くケアマネジャーの相談に乗り，支援困難事例に共に対応したり，指導・助言を行う。

また，これらの業務を通じて把握された個別事例や地域課題について地域ケア会議を開催し，福祉・保健医療の専門職や地域の関係者とともに協議する。

介護サービス事業者と医療機関関係者での合同研修会や会議を開催する等，在宅医療と介護が一体的に提供できるよう連携を図る。また，地域の状況に合わせ，地域住民によるインフォーマルな通い・集いの場（高齢者サロン等），生活支援ボランティア活動（家事代行等）等を創出し，高齢者自身の介護予防・社会参加を促進し，生活支援に関する体制を整備する。認知症総合支援

図表5-12　公共職業安定所の位置づけ

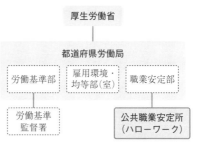

出典：厚生労働省「公共職業安定所（ハローワーク）の主な取組と実績」2021年（https://www.mhlw.go.jp/content/000735217.pdf，2021年8月2日アクセス）。

事業では地域住民と連携して認知症に関する講座を開き，地域での理解を促進したり，認知症初期集中支援チームとともに認知症の疑いがある人の早期対応を強化したりする等，認知症ケアに関する地域の体制を強化する。

（5）ハローワーク・シルバー人材センター

1）ハローワーク（公共職業安定所）

　ハローワークは，都道府県労働局が各地域で雇用対策を展開するため，厚生労働省設置法第24条に定められた窓口機関である（図表5-12）。Webサイトで求人検索ができる民間の職業紹介サービス等との大きな違いはその公的な性格にあり，①民間の職業紹介サービスでは就職に結びつきづらい人の就職支援や，②人手不足の中小零細企業を中心に無償で求人活動支援を行い，③職業紹介，雇用保険，雇用対策（企業指導・支援）の3業務を一体的に実施している。企業からの求人受理，就職希望者の相談・求人紹介，失業認定・給付，高齢者や障害者の雇用に関する企業への指導および助成金による支援を行っている。

　ハローワークは，"雇用のセーフティネット"の"中心的な役割を担う"ものである。近年では，新卒応援ハローワーク（高校や大学等の新卒，もしくは卒後3年以内），わかものハローワーク（おおむね45歳未満），マザーズ・ハローワーク（子育て中の女性や一人親家庭の親）等，専用窓口を設置することで求職

141

図表 5 - 13　公共職業安定所の主な業務

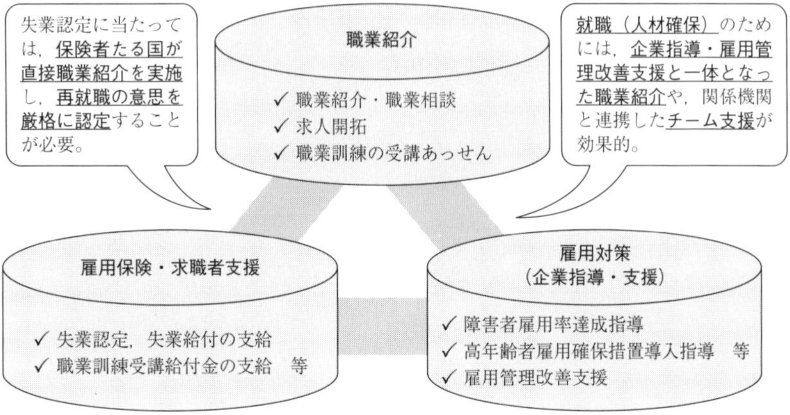

失業認定に当たっては、保険者たる国が直接職業紹介を実施し、再就職の意思を厳格に認定することが必要。

就職（人材確保）のためには、企業指導・雇用管理改善支援と一体となった職業紹介や、関係機関と連携したチーム支援が効果的。

職業紹介
- ✓ 職業紹介・職業相談
- ✓ 求人開拓
- ✓ 職業訓練の受講あっせん

雇用保険・求職者支援
- ✓ 失業認定，失業給付の支給
- ✓ 職業訓練受講給付金の支給　等

雇用対策（企業指導・支援）
- ✓ 障害者雇用率達成指導
- ✓ 高年齢者雇用確保措置導入指導　等
- ✓ 雇用管理改善支援

出典：図表 5 - 12と同じ。

者の状況に合わせ，より専門的な就職支援を展開している（図表 5 - 13）。

2）シルバー人材センター

　定年退職したため，フルタイムの仕事は一区切りにしたい。自宅からあまり遠くないところで臨時・短期の仕事やボランティア活動をしたい。このような場合，シルバー人材センターが選択肢となる。

　同センターは原則60歳以上の高齢者を会員として，「臨時的かつ短期的又はその他の軽易な業務」を仲介する。「高年齢者等の雇用の安定等に関する法律（高年齢者等雇用安定法）」に規定されており，原則として市町村単位に置かれ，都道府県知事の指定を受けた組織（社団法人）である。わかりやすく表現すれば高年齢者限定の公的な人材派遣事業といえる。企業，家庭，行政等がシルバー人材センターに仕事を発注し，それを請け負った同センターが会員（高齢者）に業務を紹介する。実際に会員（高齢者）がその業務を遂行した後，発注者がシルバー人材センターに代金を支払い，同センターから会員（高齢者）に報酬が支払われる。就業機会の提供だけではなく，高齢者の生きがいや地域の活性化を目的として，ボランティア活動やサークル活動の紹介も行っている（図表 5 - 14）。

図表 5-14　シルバー人材センターの仕組み

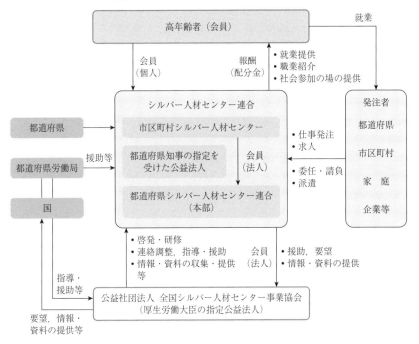

出典：全国シルバー人材センター事業協会（http://www.zsjc.or.jp/about/about_02.html，2021年8月
　　10日アクセス）。

2　関連する専門職などの役割

　ここでは，高齢者と家族を支援する3福祉士といわれる社会福祉士，介護福祉士，精神保健福祉士を中心に，関連する専門職の役割について学ぶ。

（1）社会福祉士

1）社会福祉士とは

　社会福祉士は，1987年に制定された社会福祉士及び介護福祉士法に基づく名称独占の国家資格である。社会福祉士になるためには，公益財団法人 社会福

改正後	改正前
専門的知識・技術をもって福祉に関する相談に応じ，助言，指導，福祉サービスを提供する者又は医師その他の保健医療サービスを提供する者その他の関係者との連絡及び調整その他の援助を行うこと（「相談援助」）を業とする者	専門的知識・技術をもって福祉に関する相談に応じ，助言，指導その他の援助を行うこと（「相談援助」）を業とする者

出典：厚生労働省社会・援護局「社会福祉士及び介護福祉士法等の一部を改正する法律案について」（https://www.mhlw.go.jp/topics/bukyoku/soumu/houritu/dl/166-13a.pdf，2021年8月15日アクセス）を基に筆者作成。

祉振興・試験センターが実施する社会福祉士国家試験に合格し，社会福祉士として登録する必要がある。以下は，社会福祉士の定義規定（社会福祉士及び介護福祉士法第2条第1項）である。

　　社会福祉士とは，「第28条の登録を受け，社会福祉士の名称を用いて，専門的知識及び技術をもつて，身体上若しくは精神上の障害があること又は環境上の理由により日常生活を営むのに支障がある者の福祉に関する相談に応じ，助言，指導，福祉サービスを提供する者又は医師その他の保健医療サービスを提供する者その他の関係者（第47条において「福祉サービス関係者等」という。）との連絡及び調整その他の援助を行うこと（第7条及び第47条の2において「相談援助」という。）を業とする者。」（下線筆者）

　また，2007年の社会福祉士及び介護福祉士法等の一部改正に伴い，社会福祉士の行う「相談援助」の例示として，他のサービス関係者との連絡・調整を行って，橋渡しを行うことを明確化された（図表5-15）。
　さらに同改正で，社会福祉士の義務として「個人の尊厳の保持」「自立支援」「地域に即した創意と工夫」「他のサービス関係者との連携」「資格取得後の自己研さん」等について新たに規定された（図表5-16）。

図表5-16　社会福祉士の義務規定

誠実義務	その担当する者が個人の尊厳を保持し，その有する能力及び適性に応じ自立した日常生活を営むことができるよう，常にその者の立場に立って，誠実にその業務を行わなければならない。
信用失墜行為の禁止	社会福祉士の信用を傷つける行為をしてはならない。
秘密保持義務 （守秘義務）	正当な理由がなく，その業務に関して知り得た人の秘密を漏らしてはならない。社会福祉士でなくなった後においても，同様とする。 秘密保持義務違反の罰則は懲役1年未満，30万円以下の罰金が科せられる。
連携等	その担当する者に，福祉サービス及びこれに関連する保健医療サービスその他のサービスが総合的，かつ適切に提供されるよう，地域に即した創意と工夫を行いつつ，福祉サービスを提供する者又は医師その他の保健医療サービスを提供する者その他の関係者との連携を保たなければならない。
資質向上の責務	社会福祉を取り巻く環境の変化による業務の内容の変化に適応するため，相談援助に関する知識及び技能の向上に努めなければならない。
名称の使用制限	社会福祉士でない者は，社会福祉士という名称を使用してはならない。

注：2007年の「社会福祉士及び介護福祉士法」等の一部改正に伴い，誠実義務，資質向上の責務が追加された。また，連携に関する義務規定の内容が改正された。
出典：厚生労働省社会・援護局「社会福祉士及び介護福祉士法等の一部を改正する法律案について」（https://www.mhlw.go.jp/topics/bukyoku/soumu/houritu/dl/166-13a.pdf，2021年8月15日アクセス）を基に筆者作成。

2）社会福祉士の活躍の場

①　介護老人福祉施設（特別養護老人ホーム）

介護老人福祉施設の生活相談員として配置される。生活相談員は利用者や家族からの相談や援助，入退所に関する業務，関係機関や多職種との連絡・調整等の業務を担う。

②　介護老人保健施設

要介護者の在宅復帰を目指す介護老人保健施設の支援相談員として働くことができる。支援相談員は利用者や家族からの相談や援助，入退所に関する業務，関係機関や多職種との連絡・調整等の業務を行う。

③　地域包括支援センター

2005年の介護保険制度改正に伴い，創設された地域包括支援センターに配置される3職種の一つに社会福祉士が位置づけられている。地域包括支援センターの社会福祉士は地域高齢者が安心して安全な暮らしができるよう総合相談

や権利擁護業務を行っている。

④　障害者福祉関連施設

就労継続支援施設やグループホーム等の障害者関連施設で，社会福祉士は支援指導員などとして配置され，障害者の自立訓練や就労支援等の役割を担う。

⑤　医療機関

病院・診療所等の保健医療機関で医療相談員：医療ソーシャルワーカー（MSW：medical social worker）」として働くことができる。医療相談員は相談者の問題解決，職場復帰や社会復帰に向けて関連機関との連絡・調整の役割を担う。最近は社会福祉士の有資格者であることが，採用必須要件になっているケースが多い。

⑥　児童相談所

児童相談所の児童福祉士として，児童の虐待や非行等に関する相談業務を担う。

⑦　学　　　校

学校でスクールソーシャルワーカー（SSW）として子どもの相談，家族や教育委員会等への連絡・調整を行う。

⑧　社会福祉協議会

地域福祉サービスの充実と推進，福祉コミュニティづくりの中核的な役割を担う社会福祉協議会で社会福祉士として地域課題の把握，関連機関との連絡・調整等を行う。

⑨　福祉事務所

福祉六法（生活保護法・児童福祉法，母子及び父子並びに寡婦福祉法，老人福祉法，身体障害者福祉法及び知的障害者福祉法）に関わる支援や更生における事務に携わる。福祉事務所に配置される社会福祉主事任用資格の１つに社会福祉士が含まれる。

⑩　司法関係機関

児童虐待の増加や受刑者の高齢化に伴い，更生保護施設や地域生活定着支援センター等の司法関係機関でも社会福祉士の役割が重視されるようになった。

改正前	専門的知識・技術をもって，入浴，排泄，食事その他の介護等を行うことを業とする者
2007年改正後	専門的知識・技術をもって，心身の状況に応じた介護等を行うことを業とする者
2011年改正後	専門的知識・技術をもって，心身の状況に応じた介護（喀痰吸引（口腔内，鼻腔内，気管カニューレ内部の喀痰吸引）及び経管栄養（胃ろう又は腸ろうによる経管栄養，経鼻経管栄養））等を行うことを業とする者

出典：厚生労働省社会・援護局「社会福祉士及び介護福祉士法等の一部を改正する法律案について」（https://www.mhlw.go.jp/topics/bukyoku/soumu/houritu/dl/166-13a.pdf, 2021年8月15日アクセス），「社会福祉士及び介護福祉士法施行規則等の一部を改正する省令」「社会福祉士及び介護福祉士法施行規則」を基に筆者作成。

⑪　独立型社会福祉士事務所

社会福祉士として独立して開業し，成年後見人などの権利擁護や介護保険に関する業務を行う。

（2）介護福祉士

1）介護福祉士とは

介護福祉士は，社会福祉士及び介護福祉士法に根拠する名称独占の国家資格として位置づけられている。介護福祉士になるためには社会福祉振興・試験センターが実施する介護福祉士国家試験に合格し，介護福祉士として登録する必要がある。以下は，介護福祉士の定義規定（社会福祉士及び介護福祉士法第2条第2項）である。

　「介護福祉士」とは，「第42条第1項の登録を受け，介護福祉士の名称を用いて，専門的知識及び技術をもつて，身体上又は精神上の障害があることにより日常生活を営むのに支障がある者につき心身の状況に応じた介護（喀痰吸引その他のその者が日常生活を営むのに必要な行為であつて，医師の指示の下に行われるもの（厚生労働省令で定めるものに限る。以下「喀痰吸引等」という。）を含む。）を行い，並びにその者及びその介護者に対して介護に関する指導を行うこと（以下「介護等」という。）を業とする者。」（下線筆者）

図表 5 - 18　介護福祉士の義務規定

誠実義務	その担当する者が個人の尊厳を保持し，その有する能力及び適性に応じ自立した日常生活を営むことができるよう，常にその者の立場に立って，誠実にその業務を行わなければならない。
信用失墜行為の禁止	介護福祉士の信用を傷つける行為をしてはならない。
秘密保持義務	正当な理由がなく，その業務に関して知り得た人の秘密を漏らしてはならない。（介護福祉士でなくなった後においても，同様とする。）
連携等	その業務を行うに当たっては，その担当する者に，認知症であること等の心身の状況その他の状況に応じて，福祉サービス等が総合的かつ適切に提供されるよう，福祉サービス関係者等との連携を保たなければならない。
資質向上の責務	介護を取り巻く環境の変化による業務の内容の変化に適応するため，介護等に関する知識及び技能の向上に努めなければならない。
名称の使用制限	介護福祉士でない者は，介護福祉士という名称を使用してはならない。

注：2007年の「社会福祉士及び介護福祉士法」等の一部改正に伴い，誠実義務，資質向上の責務が追加された。また，連携に関する義務規定の内容が一部改正された。
出典：厚生労働省社会・援護局「社会福祉士及び介護福祉士法等の一部を改正する法律案について」（https://www.mhlw.go.jp/topics/bukyoku/soumu/houritu/dl/166-13a.pdf，2021年8月15日アクセス）を基に筆者作成。

　介護福祉士の「介護」は，2007年の社会福祉士及び介護福祉士法等の一部改正に伴い，入浴，排泄，食事その他の介護から心身の状況に応じた介護に改められて定義規定が見直された。さらに，介護保険法等一部改正法により，2011年に社会福祉士及び介護福祉士法が改正され，2012年には介護福祉士の業務に喀痰吸引等の医療的ケアが追加された。本改正に伴い，2015年度以降は介護福祉士が医療的ケアを行うようになった（図表5-17）。

　さらに2007年の改正で介護福祉士の義務規定に「個人の尊厳の保持」「自立支援」「認知症等の心身の状況に応じた介護」「他のサービス関係者との連携」「資格取得後の自己研さん」等について新たに規定された（図表5-18）。

2）介護福祉士の活躍の場

　「介護老人福祉施設」「介護老人保健施設」「通所介護」「身体障害者施設」「訪問介護サービス事業者」等で活躍している。

図表 5 - 19　「精神保健福祉士法」の一部改正

改正前	精神障害者の保健及び福祉に関する専門的知識及び技術をもって，精神科病院その他の医療施設において精神障害の医療を受け，又は精神障害者の社会復帰の促進を図ることを目的とする施設を利用している者の社会復帰に関する相談に応じ，助言，指導，日常生活への適応のために必要な訓練その他の援助を行うこと（以下「相談援助」という）を業とする者をいう。
2010年改正後	精神障害者の保健及び福祉に関する専門的知識及び技術をもって，精神科病院その他の医療施設において精神障害の医療を受け，又は精神障害者の社会復帰の促進を図ることを目的とする施設を利用している者の地域相談支援（障害者自立支援法に規定する地域相談支援）の利用に関する相談その他の社会復帰に関する相談に応じ，助言，指導，日常生活への適応のために必要な訓練その他の援助を行うこと（以下「相談援助」という）を業とする者をいう。
2022年改正後	精神障害者の保健及び福祉に関する専門的知識及び技術をもって，精神科病院その他の医療施設において精神障害の医療を受け，若しくは精神障害者の社会復帰の促進を図ることを目的とする施設を利用している者の地域相談支援（障害者総合支援法に規定する地域相談支援）の利用に関する相談，その他の社会復帰に関する相談又は精神障害者及び精神保健に関する課題を抱える者の精神保健に関する相談に応じ，助言，指導，日常生活への適応のために必要な訓練その他の援助を行うこと（以下「相談援助」という）を業とする者をいう。

出典：e-Gov 法令検索（https://elaws.e-gov.go.jp/document?lawid=409AC0000000131，2021年8月15日アクセス），日本精神保健福祉士協会 HP（https://www.jamhsw.or.jp/backnumber/oshirase/2022/1212.html，2022年12月27日アクセス）を基に筆者作成。

（3）精神保健福祉士

1）精神保健福祉士とは

　精神保健福祉士は，精神保健福祉士法に基づく名称独占の国家資格である。精神保健福祉士になるためには社会福祉振興・試験センターが実施する精神保健福祉士国家試験に合格し，精神保健福祉士として登録する必要がある。以下は，精神保健福祉士の定義規定（精神保健福祉士法第 2 条）である。また，精神保健福祉士の義務規定は，図表 5 - 20のとおりである。

　「精神保健福祉士」とは，「第28条の登録を受け，精神保健福祉士の名称を用いて，精神障害者の保健及び福祉に関する専門的知識及び技術をもって，精神科病院その他の医療施設において精神障害の医療を受け，若しくは精神障害者の社会復帰の促進を図ることを目的とする施設を利用している者

図表5-20 精神保健福祉士の義務規定

誠実義務	その担当する者が個人の尊厳を保持し，自立した日常生活を営むことができるよう，常にその者の立場に立って，誠実にその業務を行わなければならない。
信用失墜行為の禁止	精神保健福祉士の信用を傷つける行為をしてはならない。
秘密保持義務（守秘義務）	正当な理由がなく，その業務に関して知り得た人の秘密を漏らしてはならない。（精神保健福祉士でなくなった後においても，同様とする。）
連携等	その業務を行うに当たっては，その担当する者に対し，保健医療サービス，障害者の日常生活及び社会生活を総合的に支援するための法律第5条第1項に規定する障害福祉サービス，地域相談支援に関するサービスその他のサービスが密接な連携の下で総合的かつ適切に提供されるよう，これらのサービスを提供する者その他の関係者等との連携を保たなければならない。その業務を行うに当たって精神障害者に主治の医師があるときは，その指導を受けなければならない。
資質向上の責務	精神保健及び精神障害者の福祉を取り巻く環境の変化による業務の内容の変化に適応するため，相談援助に関する知識及び技能の向上に努めなければならない。
名称の使用制限	精神保健福祉士でない者は，精神保健福祉士という名称を使用してはならない。

注：2007年の「精神保健福祉士法」等の一部改正に伴い，誠実義務，資質向上の責務が追加された。また，連携に関する義務規定の内容が一部改正された。
出典：厚生労働省「精神保健福祉士法」（https://www.mhlw.go.jp/web/t_doc?dataId=80998052&dataType=0&pageNo=1，2021年8月15日アクセス）を基に筆者作成。

の地域相談支援（障害者の日常生活及び社会生活を総合的に支援するための法律（平成17年法律第123号）第5条第18項に規定する地域相談支援をいう。第41条第1項において同じ。）の利用に関する相談その他の社会復帰に関する相談又は精神障害者及び精神保健に関する課題を抱える者の精神保健に関する相談に応じ，助言，指導，日常生活への適応のために必要な訓練その他の援助を行うこと（以下「相談援助」という。）を業とする者。」（2024年4月1日施行）（下線筆者）

2）精神保健福祉士の活躍の場

　精神科や心療内科等の医療機関，障害者関連施設及び保健センターや精神保健福祉センター等の行政機関等で活躍する。近年は，児童養護施設や一般企業

等でも活躍している。

（4）医　　師
1）医師とは

医師は，医師法に基づく業務独占の国家資格である医師になるには医師国家試験に合格し，厚生労働大臣の免許を受けなければならない。以下は，医師の定義規定（医師法第1条）である。

> 医師とは，「医療及び保健指導を掌ることによつて公衆衛生の向上及び増進に寄与し，もつて国民の健康な生活を確保する者。」

2）医師の活躍の場

平均寿命の延伸に伴う要介護期間の長期化，要介護者の重度化により，福祉現場において医療関係者とのチームケアが行われている。施設サービスはもちろん，在宅サービスにおいて保健・医療との連携によるチームケアが展開され，医師との連携が不可欠である。また，介護老人保健施設（介護保険法第97条）においては常勤医師の配置が必須であり，高齢者福祉現場において医師の役割は重要である。

（5）看　護　師
1）看護師とは

看護師は保健師助産師看護師法に基づく業務独占の国家資格である。看護師になるには，看護師国家試験（准看護師は都道府県の試験）に合格し，厚生労働大臣の免許を受けなければならない。以下は，看護師の定義規定（保健師助産師看護師法第5条）である。

> 看護師とは，「厚生労働大臣の免許を受けて，傷病者若しくはじよく婦に対する療養上の世話又は診療の補助を行うことを業とする者。」

2）看護師の活躍の場

　介護老人福祉施設や介護老人保健施設等の入所施設で介護職と連携を図りながら施設入所利用者を支援している。また，「訪問看護」や「保険医療機関（介護保険法のみなし指定訪問看護事業所）」「定期巡回・随時対応型訪問介護看護（みなし指定訪問看護事業所）」「看護小規模多機能型居宅介護（みなし指定訪問看護事業所」等で訪問看護師として活躍する。

（6）理学療法士
1）理学療法士とは

　理学療法士（PT:Physical Therapist）は理学療法士及び作業療法士法に基づく「名称独占」の国家資格である。以下は，理学療法士の定義規定（理学療法士及び作業療法士第2条第3項）である。

　　　理学療法士とは，「厚生労働大臣の免許を受けて，理学療法士の名称を用いて，医師の指示の下に，理学療法を行なうことを業とする者。」

　理学療法（理学療法士及び作業療法士法第2条第1項）とは，「身体に障害のある者に対し，主としてその基本的動作能力の回復を図るため，治療体操その他の運動を行わせ，および電気刺激，マッサージ，温熱その他の物理的手段を加えること」である。

2）理学療法士の活躍の場

　訪問リハビリテーションや通所介護，短期入所介護，短期入所療養介護，介護老人福祉施設，介護老人保健施設等で機能訓練を行う。

（7）作業療法士
1）作業療法士とは

　作業療法士（OT：Occupational Therapist）は理学療法士及び作業療法士法に基づく名称独占の国家資格である。以下は，作業療法士の定義規定（理学療法

士及び作業療法士法第2条第4項）である。

　　作業療法士とは，「厚生労働大臣の免許を受けて，作業療法士の名称を用
　　いて，医師の指示の下に，作業療法を行なうことを業とする者。」

　作業療法（理学療法士及び作業療法士法第2条2項）とは，「身体又は精神に障
害のある者に対し，主としてその応用的動作能力又は社会的適応能力の回復を
図るため，手芸，工作その他の作業を行なわせること」である。

2）作業療法士の活躍の場

　介護老人福祉施設や介護老人保健施設，訪問リハビリテーション，通所介護，
短期入所介護，短期入所療養介護等で活躍する。

（8）言語聴覚士

1）言語聴覚士とは

　言語聴覚士（ST:Speech Therapist）は，言語聴覚士法に基づく「名称独占」
の国家資格である。以下は，言語聴覚士の定義規定（言語聴覚士法第2条）であ
る。

　　言語聴覚士とは，「厚生労働大臣の免許を受けて，音声機能，言語機能又
　　は聴覚に障害のある者についてその機能の維持向上を図るため，言語訓練
　　その他の訓練，これに必要な検査及び助言，指導その他の援助を行うこと
　　を業とする者。」

　言語聴覚士は，失語症，構音障害，高次脳障害等の先天的又は後天的な原因
による言語障害や聴覚障害，摂食・嚥下障害のある人に対し，医師又は歯科医
師の指示のもと，専門的なサービスを提供する。

2）言語聴覚士の活躍の場

　介護老人福祉施設や介護老人保健施設や訪問リハビリテーション，通所介護，

短期入所介護，短期入所療養介護等で活躍する。

（9）介護支援専門員

1）介護支援専門員とは

　介護支援専門員（ケアマネジャー）は，介護保険法に規定される専門職で，居宅介護支援事業所や介護保険施設に配置される。介護支援専門員実務研修は，「介護支援専門員実務研修受講試験に合格した者について，介護支援専門員として必要な専門的知識及び技術を修得することを目的として行われる」研修である（介護保険法施行規則第113条の４）。以下は介護支援専門員の定義規定（介護保険法第７条第５項）である。

> 　介護支援専門員とは，「要介護者又は要支援者（以下「要介護者等」という。）からの相談に応じ，及び要介護者等がその心身の状況等に応じ適切な居宅サービス，地域密着型サービス，施設サービス，介護予防サービス若しくは地域密着型介護予防サービス又は特定介護予防・日常生活支援総合事業（第115条の45第１項第１号イに規定する第１号訪問事業，同号ロに規定する第１号通所事業又は同号ハに規定する第１号生活支援事業をいう。以下同じ。）を利用できるよう市町村，居宅サービス事業を行う者，地域密着型サービス事業を行う者，介護保険施設，介護予防サービス事業を行う者，地域密着型介護予防サービス事業を行う者，特定介護予防・日常生活支援総合事業を行う者等との連絡調整等を行う者であって，要介護者等が自立した日常生活を営むのに必要な援助に関する専門的知識及び技術を有するものとして第69条の７第１項の介護支援専門員証の交付を受けたもの。」（下線筆者）

　介護支援専門員は，厚生労働省令で定める保健医療福祉分野での実務経験が５年以上の者（図表５-21）等が，都道府県知事が実施する介護支援専門員実務研修受講試験に合格し，介護支援専門員実務研修の課程を修了した後，都道府県知事に登録することによって，介護支援専門員になることができる。

図表 5 - 21　保健医療福祉分野での実務経験当該資格

医師, 歯科医師, 薬剤師, 保健師, 助産師, 看護師, 准看護師, 理学療法士, 作業療法士, 社会福祉士, 介護福祉士, 視能訓練士, 義肢装具士, 歯科衛生士, 言語聴覚士, あん摩マッサージ指圧師, はり師, きゅう師, 柔道整復師, 栄養士 (管理栄養士), 精神保健福祉士

注：但し, 2018年以降は介護福祉士以外の介護職 (介護職員初任者研修修了者・無資格者等) 要件が除外された。

出典：東京都福祉保健財団「受験資格区分」(https://www.fukushizaidan.jp/wp-content/uploads/2021/04/beppyou1.pdf, 2021年 8 月28日アクセス) を基に筆者作成。

2）介護支援専門員の活躍の場

　居宅介護支援事業所でケアプランを作成するとともに, 居宅サービス事業者等との連絡調整や入所を必要とする場合の介護保険施設への紹介等を行う。また, 要介護認定の調査, 要介護認定申請の代行, 介護保険施設で施設サービス計画等を作成する。

（10）訪問介護員

1）訪問介護員とは

　訪問介護員は介護保険法に基づく訪問介護を提供する専門職である。介護福祉士や国が定めた研修を修了することで訪問介護員になることができる。訪問介護員は, 要支援・要介護の高齢者宅を訪問して, ①身体介護, ②生活援助, ③通院等乗降介助等を行う。

　①　身体介護

　利用者の身体に直接接触して行われるサービス等 (例：入浴介助, 排泄介助, 食事介助, 等)。

　②　生活援助

　身体介護以外で, 利用者が日常生活を営むことを支援するサービス (例：調理, 洗濯, 掃除, 等)。

　③　通院等乗降介助

　通院等のための乗車又は降車の介助 (乗車前・降車後の移動介助等の一連のサービス行為を含む)。

2）訪問介護員の活躍の場

「訪問介護事業所」で活躍しているケースが最も多いが，介護老人福祉施設や介護老人保健施設等でも活躍している。

（11）介護職員

介護職員は，介護福祉士や介護職員初任者研修修了者（130時間の研修）等，介護を必要とする高齢者等の日常生活を支援する専門職の総称である。

介護保険制度が開始されてから，介護職員数は倍増している。その一方で定着率の低さが課題となっている。介護人材確保等のための主な対策として，①働きながら資格をとる介護雇用プログラム，②介護福祉士等修学資金貸付事業，③介護福祉士養成のための離職者訓練，④キャリア形成促進助成金，⑤福祉・介護人材参入促進事業，⑥介護分野に就業していない介護福祉士等の潜在的有資格者や他分野からの離職者の介護分野への再就業を目的とした潜在的有資格者等再就業促進事業，⑦福祉・介護人材マッチング機能強化事業，⑧福祉・介護人材キャリアパス支援事業，⑨福祉・介護人材確保対策連携強化事業等，様々な取り組みがされている。さらに，介護職員の賃金改善を目的とした介護職員処遇改善加算等，介護職員の安定的な定着が図られている。

近年，介護の現場では，2010年より開始されたEPA（経済連携協定）に基づく外国人介護福祉士候補者（インドネシア，フィリピン，ベトナム）をはじめ，在留資格「介護」，技能実習制度を活用した外国人介護職員，在留資格「特定技能1号」等，多様な形で外国人介護職員の受け入れが行われ，介護職員として活躍している。今後は介護現場において利用者の生活習慣や文化の尊重に加え，外国人介護職員の多様な文化を尊重する風土づくりが求められる。

（12）福祉用具専門員

1）福祉用具専門員とは

福祉用具専門員は，都道府県知事の指定を受けた研修事業者で，指定講習（50時間）とテストを受けることで取得できる資格である。もっとも，社会福祉

図表5−22　福祉用具貸与と福祉用具販売の品目

【福祉用具貸与】	【福祉用具販売】
・車いす（付属品含む） ・特殊寝台（付属品含む） ・床ずれ防止用具 ・体位変換器 ・手すり ・スロープ ・歩行器 ・歩行補助つえ ・認知症老人徘徊感知機器 ・移動用リフト（つり具の部分を除く） ・自動排泄処理装置	・腰掛便座 ・自動排泄処理装置の交換可能部 ・入浴補助用具（入浴用いす，浴槽用手すり，浴槽内い 　す，入浴台，浴室内すのこ，浴槽内すのこ，入浴用介 　助ベルト） ・簡易浴槽 ・移動用リフトのつり具の部分

出典：厚生労働省「介護保険の解説——サービス編」（https://www.kaigokensaku.mhlw.go.jp/commentary
　　　/service.html#service1-12, 2021年8月30日アクセス）を基に筆者作成。

士，介護福祉士，看護師，理学療法士，作業療法士等，既に福祉用具の専門知識を
有する者は，指定講習を受けなくても福祉用具専門員になることができる。

　福祉用具専門員は，要支援・要介護高齢者に合った福祉用具の選定や適切な使い方に関する専門知識を有し，福祉用具貸与や福祉用具購入時にアドバイスを行う専門職である。また，福祉用具貸与や福祉用具購入制度で福祉用具を使用するようになった後も，適切な使い方ができているかを確認し，要支援・要介護高齢者の自立した日常生活を支援する。

　介護保険制度では，利用者の身体状況や要介護度の変化，福祉用具の機能の向上に応じ，適時・適切な福祉用具を利用者に提供できるよう，福祉用具は貸与を原則としている。もっとも，貸与になじまない性質のもの（他人が使用したものを再利用することに心理的抵抗感が伴うもの，使用によってもとの形態・品質が変化し，再利用できないもの）は，原則年間10万円を限度に購入することができる（図表5−22）。

2）福祉用具専門相談員の活躍の場

　訪問介護事業所や福祉用具の専門店，ドラッグストアの福祉用具売り場等で活躍できる。

（13）認知症サポーター

　認知症とは，脳の器質的な異常により認知機能が低下し，生活に支障をきたしている状態が続いていることを指す。2025年には高齢者の5人に1人が認知症と推計され，認知症の前段階であるMCI（軽度認知障害）も含めるとその数はおよそ倍増する。人生において誰もが認知症の高齢者と関わる可能性があるといえる。

　認知症の人が住み慣れた地域で住み続けるためには，どのようなサポートが必要であろうか。在宅高齢者向けの専門的な福祉サービスはあるが，24時間365日提供されるわけではない。一人暮らしで身寄りのない人もいれば，同居家族がいても介護負担が大きく疲弊しているケースもある。このため，社会的に認知症の高齢者やその家族への理解者を増やしていくことや，地域の中でインフォーマルな支援活動が展開されることが重要となる。

　日本では，従来用いられていた「痴呆」という用語が侮蔑的であり，状態を適切に表現できていないことから，2004年12月に「認知症」に改称された。翌2005年度から認知症に関する理解啓発や認知症高齢者が安心して暮らせるまちづくりを目指した「認知症を知り地域をつくる10ヵ年」構想のキャンペーンが開始された。その主な取り組みの一つが，「認知症サポーター100万人キャラバン」である。この「認知症サポーターを100万人にする」という目標はわずか5年程度で達成され，「オレンジプラン」では600万人，「新オレンジプラン」では800万人という数値目標が設定された。この目標も前倒しで達成が続けられ，直近では2020年度末時点で1,200万人という目標が達成されている。2021年9月30日現在，認知症サポーター数は1,339万6,073人である。

　認知症サポーターは，認知症について正しく理解し，認知症高齢者やその家族を温かく見守る人である。認知症に関する基本的な知識や認知症高齢者との関わり方を学ぶ認知症サポーター養成講座を受講することで，誰もが認知症サポーターになることができる。講座を受講すると，認知症サポーターの証としてオレンジリング（2021年度からは認知症サポーターカードに代替）が無料配布される。身近な場所でいうと，スーパーや銀行，郵便局等の店員・行員が身に付

図表5-23　地域における認知症サポーター養成の展開

出典：筆者作成。

けていることも多い。認知症サポーターには，認知症について正しく理解し差別偏見をしない，積極的なケアまでいかずとも認知症高齢者やその家族を温かく見守る，認知症高齢者と接する際には基本的な原則を踏まえた関わりをすることが望まれる。

　なお，認知症サポーター養成講座の講師は認知症キャラバン・メイトが務める。一定の研修を受講することで認知症キャラバン・メイトになることができる（図表5-23）。

　認知症サポーターの取り組みについて，ここでは2つの課題を確認しておきたい。一つは，認知症サポーターの累計人数は講座参加者の延べ人数であり，実人数ではない。

　もう一つは，認知症サポーター養成講座の受講者は着実に増加しているものの，その場での学習に留まってしまい認知症カフェやSOSネットワーク（認知症の人が道に迷った時に対応するためのネットワーク）等の具体的な活動に参加できていないなど，講座受講後の認知症サポーターによる活動やステップアップが十分とは言い難いことである。認知症サポーターは何か特別な活動をせずとも，正しく理解し温かく見守ることが重要である。加えて，認知症の人が地域でより暮らしやすくなるよう，認知症サポーターからのステップアップや活動の展開，つまり，地域での人材育成やインフォーマルな活動・資源を拡充する必要がある。

図表 5 - 24　介護相談員派遣等事業のしくみ

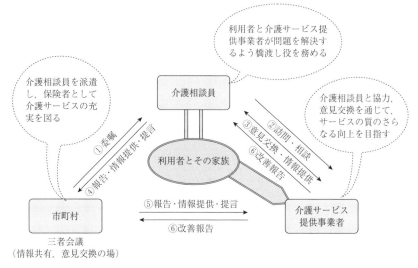

出典：厚生労働省「介護相談員派遣等事業について」(https://www.mhlw.go.jp/file/06-Seisakujouhou-12300000-Roukenkyoku/0000114155.pdf，2021年8月30日アクセス)。

(14) 介護相談員

　介護相談員と聞くと，「在宅で介護をしている家族の相談に乗る人」という印象を受けるが，それとは異なる。介護相談員等派遣事業の全国組織である介護サービス相談・地域づくり連絡会による介護サービス相談員派遣事業という表現のほうが理解しやすいかもしれない。介護サービスを提供している事業所を第三者が定期的に（概ね 1 ～ 2 週間に 1 回）訪問し，利用者の話を聞いて疑問・不満・不安を解消するとともに，それを事業所側と共有することで介護サービスの質的な向上を目指すものが，介護相談員派遣等事業（介護サービス相談員派遣事業）である。特別な資格がなくても，<u>介護サービス相談員養成研修</u>（概ね30時間程度）<u>を受講して市町村に登録</u>されることで活動できる（図表5 - 24）。

　そもそも介護サービスを含む福祉サービスは生活において必需であることが多く，利用者が「サービスを受けられないと困る」状況にあるからこそ，利用

者側が十分に意向を主張できなかったり，サービス提供側が機能不全に陥る（より良いサービス提供を怠ってしまう）危険性がある。介護サービスの質的な向上を目指す上では，いかにしてサービス提供・利用という立場を排して利用者の声を聞くかが重要である。介護相談員のような第三者を活用することは，利用者の声を聞くためにも，サービス事業所を開放的にするためにも有効であるといえる。

3　家族・住民・ボランティア

（1）家　　族

　高齢者と子どもの同居世帯が減少したとはいえ，高齢者世帯の近くに子ども等が住む「近居」や，地方に住む高齢の親を子どもが近くに住まわせるいわゆる「呼び寄せ」などもあり，日本で高齢者の生活を考えるうえで“家族”の存在は大きい。ここでは，血族や姻族（親，兄弟・姉妹，子ども，婚姻関係にある者等）を家族と捉えることとする。

　介護保険制度では，“家族”の存在を前提に，同居家族がいると訪問介護による家事援助に制限がかかることがある。高齢になっても子どもや孫の世話をすることで介護予防になったり，それが行き過ぎて過度な負担になることもある。また，在宅での高齢者虐待における虐待者はそのほとんどが家族である。このように家族は，高齢者本人と家族のお互いにとってポジティブ・ネガティブ両面に作用する可能性がある。同時に，高齢者の生活を支える担い手としての家族というだけではなく，<u>ケアラー</u>（親族や身近な人に無償で介護等を提供する<u>人</u>）として家族自身が支援を必要としていることも理解しなければならない。

　家族の存在が高齢者にとってポジティブに作用し，家族自身も高齢者に対して何らかのサポートが可能な場合には，その関係性やサポート範囲を丁寧に見極めて，お互いの良好な関係や無理のない関わりが継続されるように配慮する必要がある。高齢者に必要なサポートの程度，家族の状況（就労状況，住まいや子育て等）によってもその関係性や関わりは流動的である。高齢者に必要なサ

ポートが増えていく中で，適切な支援機関に相談できないまま，過度な負担を家族が担い続けていくケースもある。そのため，お互いに関係が良好で無理のない関わりができている段階から，将来を見据えた準備として地域包括支援センター等の専門機関に相談し，第三者の専門職によるアドバイスを受けることが有効だと考えられる。

　従来から指摘されている「8050問題」や近年注目されるようになった「ヤングケアラー」等も含め，家族介護者やケアラー自身が専門機関にアクセスできない，つながりづらいという現状もある。高齢者介護に関連していえば，厚生労働省による『市町村・地域包括支援センターによる家族介護者支援マニュアル──介護者本人の人生の支援』でも指摘されているように専門機関や地域ボランティアによるアウトリーチ活動で早期に相談や支援につなげていくことも必須である。

　また，終末期の利用者を支える家族が受けている衝撃を和らげることは，終末期の利用者が自分らしい最期を迎えるために重要である。利用者の死後，家族は大きな悲観（グリーフ）を感じる。利用者の死後にも継続して家族の悲観を和らげて日常生活を続けられるよう，支援するグリーフケアも福祉の専門職の重要な役割の一つである。

（2）住　　民

　昔は「向こう三軒両隣」といい，戸建て住宅の両隣りと，道路をはさんで正面向かいの三軒とは特に付き合いが多く，調味料の貸し借り，留守や配達物の受け取りを任せるといった文化があった。しかし，現在は社会状況の変化や人の意識の変化により，地域の紐帯（つながり）が希薄になってきた。

　福祉サービスは充実し，民間の支援サービス（例えばスーパーやコンビニエンスストアの宅配サービス）も充実してきている。高齢者宅にスマートスピーカーを設置して，会話一つで必要なものが自宅に届けられるという社会もそう遠くはないだろう。それでも何らかの支援を必要とする高齢者や加齢により足腰の筋力が低下して生活圏が狭まった高齢者の生活にとって，地域住民の存在は重

要な意味を持つ。

　例えば，移動に制限がある高齢者であれば，必然的により身近な地域に自分の生活に必要なつながりや資源がある。それはふだん買い物をするスーパーや行きつけの店であったり，かかりつけ医であったり，友人・知人であったりする。テクノロジーが発達したとはいえ，移動に制限のある高齢者が対面で他者とのつながりを持とうとすれば，隣近所や身近な地域が中心である。その身近な地域のつながりで，自分の趣味や特技を活かす場があったり，社会的役割を担うことができる関係性があれば，住み慣れた地域で自分らしい生活を送ることにつながる。このような意味でも地域住民の存在は重要である。

　もう少し何らかの手助けを必要とする高齢者をイメージしてみよう。

　Ａさんは戸建てに住んでおり，自宅内のごみをまとめることはできるが，足腰の筋力が低下し，ごみ捨て場まで行くことが難しい。隣の戸建て住宅には共働きのＢ夫婦と小学生の一人息子が住んでいる。お互いに良好な付き合いがあれば，そのＢ夫婦にごみ捨て場まで持っていくことをお願いする。代わりに，Ｂ夫婦が仕事から帰宅するまでの間小学生の息子が一人にならないように，Ａさん宅に来てもよいことにする。高齢者が支えられるばかりではなく，支え合う関係が重要である。これはかなり密接かつ良好な関係のケースではあるが，隣近所とは「顔を知っていて挨拶をするだけの間柄」ではなく，「ちょっとしたことを頼み合えるくらいの間柄」が形成されていると，高齢者の生活にとっては大きな支えとなる。

　住民同士の交流があれば犬の散歩や通勤・通学等，一定の時間に一定のルートを通るという行動は少し意識するだけで，地域の認知症高齢者への大きな見守り活動になる。隣近所の付き合いによる支え合いだけではなく，知らない人のことでも何かあったら見守ることができる地域，このような視点からも地域住民の存在は重要である。

　このほか，地域住民同士の交流や見守り，隣近所での支え合いは高齢者をターゲットにした詐欺被害等の防止にも役立つ。見知らぬ業者が頻繁に出入りしていることに住民が気付き，詐欺被害が発覚することもある。地域全体で見

守りや支え合いの風土がつくられていると，それ自体が犯罪の抑止につながる。

（3）ボランティア

ボランティアの語源は意思，善意という意味のVOLUNTAS（ラテン語）である。原則として，活動者自身が自発的に（自発性・主体性の原則），他者や社会のため（社会性・連帯性の原則），金銭的な利益を第一に求めず（無給性・無償性の原則），活動することを指す。近年はプロボノ（「公共善のため」を意味するPro Bono Publicoから）という，職業上のスキルや専門知識を活かして取り組むボランティア活動も活発化している。多様なボランティア活動があるが，ここでは高齢者福祉施設におけるボランティアと，在宅介護に関連するボランティアについて学ぶ。

高齢者福祉施設でよくみられるボランティアを３つに大別すると，１つ目は，傾聴や見守り，入浴後にドライヤーで髪を乾かすといった利用者と直接関わるボランティア活動がある。２つ目は，お茶を淹れたり食事を配膳したり，リネン交換，洗濯といった間接業務の補助的な活動である。３つ目としては，趣味活動やレクリエーション，リハビリテーションの指導・補助等が挙げられる。例えば，フラワーアレンジメントや書道を入所者に教える，音楽療法でピアノを弾く等のボランティアである。これらのボランティア活動は入所者にとって，施設入所者・職員以外の地域住民と関わる貴重な機会であり，余暇活動の充実にもつながる。また，施設職員の負担軽減や職員が入所者と関わる時間を増やすことにもつながる。

在宅で支援を必要とする高齢者の生活では，施設でのボランティア以上に生活に必要不可欠な支えになるケースがある。配食ボランティア活動は典型的な例である。活動主体によって利用条件や頻度，金額は様々だが，一人暮らし高齢者や高齢者のみ世帯等を対象としていることが多い。ボランティアが自治会館や福祉拠点等を活動場所として弁当を作り，高齢者宅までそれを届ける。無給性・無償性の原則から食材費＋わずかばかりの活動費分として，弁当代は安価に設定されている。高齢者にとっては手作りの食事を安価に自宅まで届けて

もらえ，受け渡しの際にはボランティアとの交流にもなり，安否確認を受ける機会にもなる。

このほか，「ちょこっとボランティア」（地域により名称は異なる）も大きな生活の支えになっている。日常生活において，電球の取り換え，網戸の張り替え，庭の草むしりのように「自分ではできないが，介護サービスの対象にもならない」ことは多い。「ちょこっとボランティア」は1回500円や1時間500円といった安価な設定で，生活に必要な支援を行うボランティア活動が中心である（生活支援ボランティア）。

なお，多少なり金銭の授受を発生させていることは，無給性・無償性の原則に反しているわけではない。金銭的な利益第一ではないことは前提としたうえで，活動継続性の担保やボランティア側への報酬として活用されるとともに，「全くの無償で手助けをしてもらうのは申し訳ない」という利用者側の心理に配慮したものである。

また，高齢者自身がボランティア活動に取り組むと，社会参加や介護予防にもなる。定年後にそれまでの職業スキルを活かしたボランティア活動に取り組んだり，散歩がてらに配食ボランティアの配達部分を担う等のボランティア活動は，高齢者に限らず，ボランティア自身の心身機能や社会との繋がり等，重要な意味をもつ。さらに，生活保護受給者や生活困窮者の就労に向けたステップとして，ボランティア活動に取り組むことが有効なケースもある。ボランティア活動を活用する側にとっても，ボランティア活動者にとってもその活動が生活に欠かせない大切な活動である。

参考文献

厚生労働省「市町村・地域包括支援センターによる家族介護者支援マニュアル──介護者本人の人生の支援」（https://www.mhlw.go.jp/content/12300000/000307003.pdf，2021年8月18日アクセス）。

厚生労働省『認知症施策の総合的な推進について』（https://www.mhlw.go.jp/content/12300000/000519620.pdf，2021年8月25日アクセス）。

厚生労働省「『痴呆』に替わる用語に関する検討会報告書」（https://www.mhlw.

go.jp/shingi/2004/12/s1224-17.html, 2021年8月25日アクセス)。

厚生労働省「介護相談員の活動状況」(https://www.mhlw.go.jp/file/06-Seisakujouhou-12300000-Roukenkyoku/0000114156.pdf, 2021年9月1日アクセス)。

厚生労働省「令和元年介護サービス施設・事業所調査の概況」(https://www.mhlw.go.jp/toukei/saikin/hw/kaigo/service19/index.html, 2021年9月3日アクセス)。

現場は今

　現在は介護が必要になっても住み慣れた地域で暮らし続けられるようにと，専門機関や地域住民が協働で地域包括ケアシステムの構築を進めている。地域における要介護高齢者等の生活については，一人ひとりにとっての地域包括ケアシステムの構築が必要である。つまり，住み慣れた自宅での生活を続けたり，地域で高齢者住宅等への住み替えを選択したりしながら地域の趣味活動や行事，ボランティア活動に参加する。支援が必要であれば生活支援ボランティアや介護サービスを利用し，体調がすぐれなければ主治医に診てもらう。介護サービスを利用し始めた後も，地域住民同士のつながりが絶たれてはならない。このような様々な社会資源に触れながら，いかに一人ひとりがその人らしい暮らしを実現できるか，そのために要介護高齢者等の周辺で，あるいはその地域全体で体制や環境（システム）を整備できるかがカギである。

　地域包括ケアシステムでは様々な資源が充実している必要があり，専門職がその拡充に携わる必要がある。要介護高齢者等の一人として同じ生活をしている人はいないため，一人ひとりにとっての体制や環境を重層的に構築し続けることが，その地域全体の地域包括ケアシステムにつながると考えられる。

　もう一つ，地域で暮らす要介護高齢者等のため，地域包括ケアシステムの構築に取り組むうえで，地域をどう捉え，地域住民とどのように関わっていくかも非常に重要である。地域住民との関わりは地域住民が主体であり，地域住民にとっては活動，もしくはサポートであるため，サービスとして捉えないことが求められる。専門機関と地域住民が協働で地域包括ケアシステムの構築をするためには地域住民にとっていかに「他人事」ではなく，「我が事」にできるか，そのうえで地域住民が主体的に活動できるかが重要であり，専門職はそれを支援することが必要である。その意味で，社協などを含む地域福祉の視点が求められる。

学びのポイント

　高齢者支援において社会福祉士はどのような実践活動を展開しているのだろうか，その実際について具体的な取り組みを通して学ぶ。まず，ソーシャルワーカーとしての社会福祉士が持つ専門性を活かした役割とは何か，そして，高齢者の立場を理解した支援とはどのようなものなのかについて整理し，考えてみる。次に，高齢者の就労支援，地域包括ケアシステムにおける認知症高齢者に対する支援，介護予防の支援について事例を紹介し，社会福祉士の高齢者支援の実際について理解する。

1　高齢者支援における社会福祉士の役割

（1）高齢者福祉実践に携わる社会福祉士

　福祉分野の相談援助を行う専門職は社会福祉援助技術（ソーシャルワーク）を用いて援助を行うことからソーシャルワーカーと総称され，ソーシャルワーカーに求められている国家資格が社会福祉士や精神保健福祉士である。社会福祉従事者の資格としては従来から社会福祉主事の資格があり，社会福祉施設などで働く職員の要件とされてきたが，より高い専門性が求められるようになり，1987年に社会福祉士及び介護福祉士法（1987）が制定された。

　社会福祉士は「社会福祉士の名称を用いて，専門的知識及び技術をもつて，身体上若しくは精神上の障害があること又は環境上の理由により日常生活を営むのに支障がある者の福祉に関する相談に応じ，助言，指導，福祉サービスを提供する者又は医師その他の保健医療サービスを提供する者その他関係者…（中略）…との連絡及び調整その他の援助を行うこと…（中略）…を業とする者」（社会福祉士及び介護福祉士法第2条第1項）とされる。業務独占ではなく，

名称独占の資格（有資格者以外が当該資格名を使用することを法律で禁じている資格）であるが，現代社会において福祉のニーズが拡大する中で，福祉，医療，保健の分野をはじめとして教育，司法，地域の様々な分野で社会福祉士が活躍するようになっている。

高齢者福祉の領域では，地域においては地域包括支援センターに配置され，地域住民に対して介護保険関係の相談援助を行う社会福祉士，老人デイサービスセンター（通所介護）の生活相談員として利用者の生活を支えるための相談援助を行う社会福祉士，シルバーサービス事業所等民間企業で活動する社会福祉士，施設においては特別養護老人ホーム（介護老人福祉施設）の生活相談員や介護老人保健施設の支援相談員として利用者や家族に対して入退所の手続き，サービスの調整，施設の運営管理等を行う社会福祉士，また，市町村等行政においては福祉事務所や高齢者福祉の担当部局に配置され，施設入所や高齢者福祉の相談に応じる社会福祉士等がいる。

近年では認知症高齢者など判断能力が不十分な人に対し，自己決定や意思を尊重し，日常生活や財産管理を支援する成年後見制度に基づく後見人等として法律事務所に配置されたり，独立して社会福祉士事務所を開設して高齢者の権利擁護の支援を行う社会福祉士も増えている。また，一般の民間企業においても老後の生活保障に関わる保険会社や金融会社，高齢者が住みやすい住環境整備に関わる住宅会社や建築会社等，高齢者福祉に関係する新たな職場として社会福祉士が活躍している。

（2）社会福祉士に求められる倫理

社会福祉士は社会福祉の目的といえる個人が抱える生活問題を解決し，福祉社会をつくっていくために必要な価値や倫理，知識，技術をもって，その人と社会に働きかけていく。専門職には一人の人間として求められる倫理，そして，専門領域に通じる職業人としての職業倫理が要求される。倫理とは人々が守り，行うべき道や善悪を判別する普遍的な基準であり，職業倫理とはプロフェッショナルの職業人に要請される行動や言動の規範となるものといえよう。社会福

祉士が向き合うのは生活上に問題を抱える人たちであり，高齢，介護，障害，育児をはじめとして様々な問題の軽減，改善，解決に向けて支援を行うことになる。対象となる問題の社会性や，高齢者，障害者，児童等対象者となる人たちの特性などから社会福祉士には高い職業倫理が求められる。

専門職の倫理を体系化したものを倫理綱領という。医師，弁護士，教師など専門職にはそれぞれに倫理綱領があり，社会福祉専門職者としてのソーシャルワーカー，有資格者としての社会福祉士にも倫理綱領がある。この倫理綱領によって専門職としての使命，役割，責任，あるいは地位等が明らかにされている。

具体的には，「人間の行動と社会システムに関する理論を利用して，人びとがその環境と相互に影響し合う接点に介入する」等とするソーシャルワークの定義を踏まえ，社会福祉士の価値と原則として，①人間の尊厳（すべての人間をかけがえのない存在として尊重する），②社会正義（自由，平等，共生に基づく社会正義の実現をめざす），③貢献（人間の尊厳の尊重と社会正義の実現に貢献する），④誠実（倫理綱領に対して常に誠実である），⑤専門的力量（専門的力量を発揮し，専門性を高める）が掲げられ，社会福祉士が社会福祉実践において従うべき行動となる指針（行動規範）として，利用者に対する倫理責任，実践現場における倫理責任，社会に対する倫理責任，専門職としての倫理責任が述べられている。

行動規範のなかでも直接的に利用者に影響を及ぼすこととなる利用者に対する倫理責任については，社会福祉士は利用者の利益を最優先し，自己の利益のために利用することのない専門的援助関係を大切にすること，先入観や偏見を排し，利用者をあるがままに受容する，利用者の自己決定を尊重し，有する権利を擁護する，プライバシーを尊重し，秘密を保持すること等が挙げられている。

（3）社会福祉士の専門性と役割

1）社会福祉士の専門性

社会福祉士は社会福祉士という国家資格を有する専門職としてのソーシャル

ワーカーである。ソーシャルワーカーが身を置く社会福祉という専門分野の専門性とは何であろうか。人は社会という環境のなかに存在し，社会環境との相互作用のなかで生活を営み，生きている。社会福祉は生活上の問題を社会的に解決するために，問題を抱えている人に働きかけ，社会に働きかけることとなる。

　社会福祉の援助を行う専門的技術としてのソーシャルワークは，個人が抱える生活問題を社会的状況や環境とのつながりのなかでとらえ，個人と，個人を取り巻く社会環境の双方にアプローチし，解決していこうとするものである。人は社会的な存在として，家族，友人・知人，学校，職場，地域等，社会に存在する様々な人と関係性を持ちながら生活し，生きている。個人に働きかけ，そして，社会環境に働きかけながら生活問題を解決していく方法はソーシャルワーク固有の方法といえよう。

　人と社会に働きかけながら個人が抱える生活問題の解決に向けてアプローチするソーシャルワークにおいてソーシャルワーカーとしての社会福祉士にはどのような能力が求められているのだろうか。社会福祉教育によって習得が目指されている能力に基づけば，①個人の尊厳を重視し，支援する能力，②生活問題を発見し，普遍化する能力，③社会資源を調整・開発する能力，④社会福祉の運営に貢献する能力，⑤権利を擁護する能力，⑥個人の力を高め社会を開発する能力の６つを挙げることができる（「大学教育の分野別質保証のための教育課程編成上の参照基準社会福祉分野」日本学術会議，2015年）。

　①個人の尊厳を重視し支援する能力とは生活上の問題を抱える当事者の立場に立って，人間としての尊厳を守り，主体性を持って生きていけるよう支援することができる力，②生活問題を発見し普遍化する能力とは，当事者が抱える生活上の問題を発見して社会との関係のなかで分析し，生活の自立と安定に向けて支援することができる力，③社会資源を調整・開発する能力とは地域や社会に存在するさまざまな資源を活用し，また，新たな資源を開発して問題を解決することができる力，④社会福祉の運営に貢献する能力とは，継続的・安定的な支援を行うため，社会福祉の組織的な運営に貢献することができる力，⑤

権利を擁護する能力とは当事者の意思を尊重し，人間として有する権利が侵害されないように守ることができる力，⑥個人の力を高め社会を開発する能力とは，一人ひとりが持つ力を最大限に引き出し，すべての人たちがその人らしく生きていくことができるための社会をつくることができる力であるといえよう。

２）社会福祉士の役割

①　仲介者・媒介者としての役割

社会福祉士は，生活上の支援を必要とする当事者と支援する制度や支援する人たちなどとを仲介し，媒介する役割がある。仲介し，媒介するとは間に入り，仲立ちをすることである。社会福祉士は当事者の意向を尊重し，ニーズを優先しながら問題の軽減，改善，解決に向けての支援につなげていかなければならない。

②　社会資源の動員者としての役割

生活上の問題解決に向けては，様々な社会資源を活用することになる。高齢者福祉関係では介護保険等の社会福祉制度，介護老人福祉施設など福祉施設や病院など医療機関，訪問介護や通所介護などのサービス，そして，専門職としての介護福祉士や看護師などが挙げられる。社会福祉士は制度，施設，人材，設備，資金，情報等あらゆる社会資源を必要とされる人たちに結びつける動員者としての役割がある。社会資源を動員してもニーズが満たされない場合，新たな社会資源を開発することも必要となる。

③　調整者・コーディネーターとしての役割

社会福祉士は，調整し，コーディネートする役割が求められる。それは支援を必要とする人たちにとって生活の自立や安定に向け，社会資源を適切に結びつけることができるよう調整することである。調整者，コーディネーターとしての社会福祉士は当事者のニーズが充足につながるものであることを前提として，そのニーズは心身状況，住環境，経済的状況，地域との関係など生活全体から把握し，調整すること，そして，当事者の状況に合わせて，短期，中期，長期の段階的な視野で調整することが重要になる。また，日常生活を支援するためには継続性をもって連続的に行うことが求められ，遮断されることのない

よう調整されなければならない。さらには，ニーズは満たされているのか，心身状況等は変化していないのか等を確認し，評価するなかで再調整していく必要がある。

④　側面的援助者・促進者としての役割

生活上の問題を解決する主体となるのはあくまでも当事者であり，社会福祉士ではない。社会福祉士は側面的援助者としての役割を持つ。生活の主体は生活している本人であり，その主体性を確保しながら生活が営まれる社会の中にあって維持できるように側面から支えていくことになる。それは走行者としての当事者に合わせて伴走する伴走者としての役割を果たすものともいえよう。そして，社会福祉士は当事者が抱える問題を解決し，生活の自立と安定に向けてのファシリテーター役を担い，促進者としての役割を持つ。走行する当事者に合わせて伴走しながら，時に背中を押し，方向を導くこととなる。

⑤　権利擁護者としての役割

社会福祉の対象者は自らの意思を伝達し，判断することに限界のある人々を含み，一定の依存性が認められる。社会福祉士はこのような人々の人間としての尊厳を守り，支えていく重い責任が課せられている。社会福祉士は当事者の意思を代弁し，その人に代わりその人の気持ちを表明すること，また，その人に代わってその人が持つ人間としての権利を行使し，最善の判断をする権利擁護者としての役割を果たすことになる。

⑥　アドミニストレーターとしての役割

社会福祉の援助は組織的な体制において展開されることになる。社会福祉士の多くは施設や事業所などの組織に配属され，求められる役割を果たすことになる。組織には使命や目的があり，その使命や目的を達成するために管理・運営が行われることになる。サービス内容や援助内容等の管理，職員体制など人事管理，財務的な管理，設備・環境整備の管理，事故や災害，経営上に関わるリスク管理等が必要となる。社会福祉士は組織の管理・運営に関わるアドミニストレーターとしての役割を果たすことにもなる。

（4）多職種連携によるチームアプローチする社会福祉士

　社会福祉士は様々な職種の専門職と連携しながらチームアプローチによる援助を行うこととなる。生活上に問題を抱えている人を支えていくためには社会福祉や介護の分野の支援だけではなく，健康を保持していくための医療，看護，保健の分野の支援などが必要となる。チームアプローチとは，支援を必要とする当事者のニーズに即して，それぞれの専門職が有する専門性を活かしながら協働し，連携しながらチームで関わっていくことである。

　高齢者の生活を支えていく場合，心身機能の低下に伴う医療のサポートは重要であり，伴せて予防の側面から心身機能の維持・向上に向けての保健のサポートも必要となる。医療の分野では医師，看護師，薬剤師等の専門職が，また，保健の分野では理学療法士，作業療法士，言語聴覚士などの専門職が関わることとなる。さらには心身の健康保持に向けては毎日の食事がバランスよく摂食されなければならないことから，食のサポートも大切となり，管理栄養士などが関わることとなる。

　医師は病気を治すための治療，看護師は治療に伴う医療的ケア，理学療法士や作業療法士などは機能回復・維持向上に向けてのリハビリテーション，管理栄養士は食事の内容やバランス等についての管理・指導，ケアワーカーとしての介護福祉士は食事，入浴などの介助，そして，ソーシャルワーカーとしての社会福祉士は当事者や家族の相談に応じ，サービスを調整し，生活環境を整備することとなる。多様なニーズを抱える当事者に対してそれぞれの専門職が情報共有することなく，バラバラな支援を行うことになれば混乱をもたらし，統一性のないものとなってしまう。

　多職種連携によるチームアプローチは施設や医療機関においても地域や居宅においても必要であり，施設・病院からの退所・退院に伴う在宅生活に向けての支援，一人暮らしや高齢者だけで暮らす世帯に対する見守り支援，認知症の人が地域で継続した生活をしていくための支援，ターミナルケアを行う看取りの支援，虐待防止に向けての支援等，それぞれの場面に応じて展開される。それぞれの場面においてアセスメントを行い，直面している問題を把握し，ニー

ズを明らかにしたうえで，問題解決に向けての支援計画を立て，サービス調整会議などにおいて調整する。そして，支援計画に基づき適切な支援が行われているのか，ニーズは満たされているのか等についてモニタリングする。多職種連携によるチームアプローチはアセスメント，支援計画の作成，サービスの調整，サービスの提供，モニタリングというケアマネジメントのプロセスに準じながら取り組まれることになる。

　社会福祉士は福祉，医療，保健等生活を支えるための様々な分野の社会資源を動員して調整していく役割を担っていることから，多職種連携によるチームアプローチにおいては偏りや見落としのないよう包括的な視野から全体をマネジメントし，支援の継続性が確保できるように心がけるとともに，専門職間の連携を促進していく働きが求められているといえよう。

（5）高齢者の立場を理解した社会福祉士の支援

1）高齢期の特性の理解と個別性を尊重した支援

　高齢期は様々なものを複合的に喪失する時期としての一面を持つ。高齢になると以前に比べて相対的に心身機能の低下が生じる。定年退職などにより現役から引退し，社会的地位や役割が失われ，経済力も低下することになる。配偶者や同世代の兄弟や友人が亡くなる等，長年にわたり関わりのあった人々が少なくなっていく。そして，高齢期は死と向き合う時期ともなる。死は避けては通れない問題であり，自らの死をどのように迎えるか意識することになる。高齢者の支援においてはこのような高齢者が直面する喪失を理解することが大切である。

　喪失する一方で，高齢期はこれまでには得られなかった新たなものを獲得することができる時期にある，ともいわれている。職場の仕事から解放され，子どもが成人する中で子育てから解放される。自由な時間が獲得され，趣味や地域での活動に取り組むことができるようになる。活動する機会や選択の幅が広がり，創造的な生活を過ごすことにもつながる。それは高齢になっても生産的，創造的な能力を維持しているプロダクティブ・エイジングという捉え方や高齢

になるなかで生活の質を高め，健康，参加の機会を得ることができるアクティブ・エイジングの捉え方によって老いをポジティブに受け止めることができることにもつながる。

　このような喪失と獲得が並行し，重複する老年期の特性を理解した支援が社会福祉士には必要となるが，その前提として高齢者の個別性を重視することが大切である。心身状況，価値観，生活様式，生活歴などは一人ひとり異なり，多様である。高齢期の特性を理解することが画一的な高齢者への支援につながるものであってはならない。長年にわたり生きてきた変遷があり，様々な経験をしてきた高齢者であるからこそ，高齢者一人ひとりに個性が形成されている。その個性を尊重し，個別性に配慮された支援を行うことが大切である。

2）権利擁護の視点からの支援

　認知症の高齢者等自らの意思を伝達し，判断をすることに限界のある人たちの場合，その人の権利を守り，尊厳を確保する権利擁護が必要となる。権利擁護とは，判断能力の不十分な人たちなどに対し，それらの人々の権利を擁護し，ニーズの実現を支援することであり，当事者の権利主張を支援し，代弁・弁護する活動である。介護保険制度など契約制度によるサービス利用方式においてはサービスの種類や事業者等を選択し，契約を締結する場面で利用者の判断が求められることとなる。また，契約締結後のサービス利用上，利用者は衣食住を含む生活上の支援を直接的に受けることとなる。権利擁護はサービス利用者の権利獲得のプロセスを重視し，利用者の主体性に価値を置くものといえよう。

　そこで，社会福祉士は権利擁護の視点をもって当事者と向き合い，関わるとともに権利擁護を図る法制度やサービス等を活用して支援していくことが求められることとなる。権利擁護を具現化したシステムとしては成年後見制度，日常生活自立支援事業等を挙げることができる。成年後見制度は財産管理や生活，療養上の身上監護（保護）をする民法に基づく法律上の制度であり，日常生活自立支援事業（社会福祉法上は福祉サービス利用援助事業）は日々の金銭管理や書類預かり等日常生活上のサービスとして身上監護（保護）に努めることになる。

3）予防的視点からの支援

高齢者の場合，老化に伴う心身の低下を予防し，維持していく視点からの支援も大切になる。どのような状態にあっても生活機能の維持・向上を図り，要支援・要介護状態の予防や重症化の予防によって高齢者本人の自己実現を支援する介護予防は重要であり，今日の高齢者福祉施策において推進されるようになっている。

「介護予防・日常生活総合事業ガイドライン」（厚生労働省，2015年）では，高齢者を対象とした介護予防推進の基本的な考え方として，「これからの介護予防は，機能回復訓練など高齢者本人へのアプローチだけではなく，生活環境の調整や，地域の中に生きがいや役割をもって生活できるような居場所と出番づくり等の高齢者本人を取り巻く環境へのアプローチも含めたバランスのとれたアプローチが重要」になるとされている。それは，身体機能を改善する機能回復訓練としての介護予防というより，日常生活の活動性を高め，高齢者一人ひとりの生きがいや生活の質の向上を目指す介護予防といえよう。

社会福祉士は高齢者自身が役割と生きがいを持って生活できると思えるよう，地域の様々な社会資源を活用し，生活意欲を高めるという視点から，介護予防を推進していくことが大切である。

4）生活の質の向上をめざす支援

老人福祉法（第2条）にも述べられているように，高齢者の生活において目指されているのが「生きがいを持てる健全で安らかな生活」といえる。生きがいを持てる生活とは，生活の質（QOL）を重視した生活ともいえよう。生活の質は高齢者の生活に大きく作用し，心身の活性化をもたらすこととなる。生活の質はその人にとって喜びや楽しみ，そして，生きがい等を日々の生活のなかで味わうこと，充実した生活や人生を送ることを追求していくものである。生活の質の向上はソーシャルワークの目標であり，目指すべきゴールとして設定されることとなる。

身体的な低下により虚弱な状態となったとしても，さらにその低下が顕著となって要介護の状態になったとしても，その状態のなかで生活の質の向上に向

けての支援を行うことが大切である。寝たきりの状態でベッドに寝かせたままで毎日天井ばかりを見て生活するのか，できるだけベッドから起こし，車椅子に移乗して外出も行い，人との関わりのある生活をしてもらうのか，生活の質に大きな差が生じることとなろう。何に喜びや楽しみを感じるのか，人それぞれに興味，関心，価値観が違うなかで，その興味や関心，価値観などに合わせながら日常のなかに生活の質の向上に向けた支援を試みることが大切であるといえよう。

5）ストレングス・エンパワメントの視点からの支援

　高齢者に対し，生活の質の向上に向けての支援を行っていくためには，その人が持っている強みを最大限に活かしていくことが重要である。その人が持つ強みに着目し，その強みを引き出し，支援していくことをストレングスという。高齢期において心身機能が低下していく中でも，様々な強みがあるはずである。その人が持つ才能，技能をはじめとして，何に関心を持っているのか，どのような願望があるのか，それまでに形成してきた人間関係，住んでいる地域の環境等もその人が持っている強味である。

　また，高齢期においては心身的な低下や複合的な喪失感等から意欲の低下をもたらすことにもなり，生きる力を高めていくためのアプローチが重要になる。生きる力を高めていくこととは，希望を持って前向きに生きていこうという気持ちが持てるような状態をつくることといえよう。生きる力を湧き出させる働きかけをエンパワメントという。エンパワメントでは，動機づけをし，励まし，勇気づけをしていくことが大切である。高齢者の支援においてはストレングスで強みを活かしながら，エンパワメントによって生きる力をつけていくアプローチが求められる。

```
──　現場は今　──
　高齢者福祉施設等の社会福祉事業者が提供するサービスは「良質かつ適切なものでなければならない」（社会福祉法第3条）とされ，実践現場で常に追い求められ
```

ているのがサービスの質の向上といえる。とくに介護保険サービスにおいては事業者間の競争のなかで，より高いレベルで確保することが要求されるようになっている。説明と同意（インフォームドコンセント）により納得のうえで契約を結び，サービス計画（ケアプラン）に基づき利用者のニーズを優先したサービスを提供すること，情報公表制度により透明性を図り，第三者評価制度により客観的なサービス評価を受けること，苦情受け付け窓口を設置し，不満等の利用者や家族からの声を聞き，反映させること等のサービスの質の向上を図るための具体的なシステムが実践現場で導入され，今に取り組まれている。

2 支援の実際——多職種連携

　様々な分野で活動している社会福祉士には，対象者への支援が適切でかつ総合的，包括的に提供されるよう，多職種連携によるチームアプローチに基づいた支援が求められている。加えて，地域を基盤とした支援の展開が重要視されていて，それぞれの地域の状況に即した創意工夫も必要とされている。社会福祉士には，個人・家族を取り巻く環境としての地域へ働きかけ，新たな地域のつながりをつくり出すことへの期待が高まっているといえる。

　本節では，先に示された社会福祉士が持つ専門性を活かした支援や社会福祉士の役割，高齢者の立場を理解した社会福祉士の支援について，事例を紹介し，社会福祉士による高齢者支援の実際について理解する。

（1）高齢者の就労と就労支援

　少子高齢化の急速な進展と人口が減少する中で，経済社会の活力を維持するため，働く意欲がある高年齢者がその能力を十分に発揮できるよう，高年齢者が活躍できる環境の整備を目的として，「高年齢者等の雇用の安定等に関する法律（高年齢者雇用安定法）」の一部が改正され，2021年4月1日から施行された。

　これにより事業主に65歳までの雇用確保（義務）と70歳までの就業確保（努

力義務）が課せられることとなり，高齢者の就労という視点からは定期収入が
得られて生活が安定することや社会参加をすることにより生きがいが増えること，健康維持への意識が高まること等の期待が高まっている。

（2）社会福祉士による就労支援の対象となる高齢者像

　高齢者の就労については，高齢者自らが公共職業安定所（ハローワーク）や
行政機関の職業相談窓口等を活用して行われることが一般的である。

　高齢者の就労について社会福祉士による支援が行われる場合，対象となる高
齢者が生活に困りごとや不安を抱えていたり，経済的に不安定な状況に置かれ
ていたりすることが考えられる。しかし，このような状況下に置かれつつも，
どうにかして自分の生活を就労することで，立て直そうとしている対象者像が
想像されるのではないだろうか。

　このように社会的に不利益を受けやすい状態にある人々（一見支援を必要と
していないように見えながらも，支援を必要としている人々）について，古川孝順は，
社会的バルネラビリティという言葉を用いて次のように捉えている。

　　　「現代社会には，…（中略）…自律的で自足的な人間（完全行為者）で
　　　あることが難しい人びとが多数含まれているということです。…（中略）
　　　…社会的にバルネラブルな人びとはそうでない人びとと比べると情報，判
　　　断力，生活技術などさまざまな側面において非対称的な状況にある存在で
　　　すが，基本的に生きづらさをもちながらもそのなかで積極的に生きていこ
　　　うとしている人びとであり，一方的な庇護の対象者ではありません。[1]」

　このような人々は，自身が支援を必要としているということを自覚していな
いこともあり，なかなか支援に結び付きにくいという傾向がみられている。

（3）生活困窮者自立支援法に基づく就労支援

1）生活困窮者自立支援相談機関を窓口とした就労支援

　社会福祉士による高齢者への就労支援が行われるケースの一つとして，生活困窮者自立支援法に基づく支援が想定されよう。高齢者だけを対象としたものではないが，この制度は，様々な理由により生活に困窮している人が，地域のなかで安心して，自立した生活を送ることができるよう，福祉事務所を設置する自治体が，主に人的支援を行うことにより，日常生活の自立，社会生活の自立，経済生活の自立を促進するものである。自立相談支援事業の相談員については，その責務の一環として訪問支援にも積極的に取り組むこととし，ケースワーカーや民生委員等，関係者間の連携と協力の下，生活困窮者に対し，漏れのない支援を行うことや，そのために社会福祉士等の支援業務に精通する人員を十分に配置することを検討し，適切な措置を講ずることとされている。

　以下，生活困窮者自立相談支援機関（相談窓口）に配属された社会福祉士が対応した事例を通して支援の実際を学ぶ。

2）事　例

①　概　要

　世帯主の夫が市役所の税務課へ税金の滞納相談に出向いたところ，担当者から家計改善支援事業の利用をすすめられたことをきっかけに，生活困窮者自立相談支援機関（相談窓口）の社会福祉士による支援が開始されている。

　高齢者夫婦世帯で老齢年金を受給しているが，世帯の支出が収入を上回っている状況にあった。夫は就労意欲はあるが，希望している業種が体力に見合っておらず，就労に結び付いていなかった。このため，社会福祉士は夫の意向を聞きながら求職活動を行う業種を一緒に考え，ハローワークとの連携のもと，就労へ結びつけることができた事例である。

②　世帯主（夫）

　60歳代後半，建設業に従事していたが，50歳代後半に大腸がんを患い，体力が低下し，長く勤めていた職場を退職している。その後，建設関係の仕事に戻るが勤務先で人間関係が築けず，いくつかの会社に就職するが，短期間で退職

してしまうという状況が続いている。家計も苦しいことから就職したいという希望がある。

③　世帯主（夫）への支援

これまで長く建設業に従事していたことから，再就職先として「建設業へ戻りたい」という考えが強くあった。

社会福祉士が話を聞く中で，大腸がんを患って以降，体力的に建設の仕事が難しくなっていること，また，手術後は頻繁にトイレに行くようになったことから就職先での人間関係が築けず，就職しても短期間で退職してしまう原因となっていたことが判明した。これまで，建設関係の仕事に従事する中で様々な資格を取得されており，とくに建設機械の操作や車両の運転が得意であったとのことから，社会福祉士は，高齢者施設での車両運転の仕事に挑戦をしてみてはどうかと提案した。当初，建設関係の仕事に戻りたいという考えが強かったが，ハローワークへ同行し，早期再就職専任支援員（就職支援ナビゲーター）へつなぐ支援を行った。就職支援ナビゲーターから求人票の内容や仕事の説明を受けたことで，「自分の持っている資格を活かすことができる」との思いになった。いくつかの求人票を比較し，職場体験を受け入れてもらった高齢者施設への就職に結びついた。

④　配偶者（妻，70代前半）

これまでは専業主婦として家庭を支えていたため，就労の経験がない。健康面や体力面では大きな問題もないため，自分にできる仕事があれば短時間の仕事についてみたいと考えられていた。

⑤　配偶者（妻）への支援

夫への関わりを開始したころは，就労することにあまり積極的ではなかったが，夫が就職へ向けて活動している姿を見て，自分もできる仕事に就きたいと考えられるようになった。このため，夫がハローワークへ行く際に同席し，清掃関係の求人票を閲覧されている。その後，社会福祉士へ「自分も清掃関係の仕事についてみたい」との相談があり，後日，ハローワークの紹介を受けて就職へ結びついた。

3）社会福祉士の専門性を活かした支援

　社会福祉士は，日頃から様々な関係機関と連携を図りながら，支援を必要としている人々が相談支援に結び付くように取り組んでいる。本事例が市役所の税務課からの紹介が関わりのきっかけとなっているように，支援の対象者が相談窓口や解決すべき課題を把握していることは少なく，また，支援の必要性を自覚していないこともあり，適切な支援を受けることができない状況にあることも珍しくない。このため，社会福祉士には，支援からこぼれ落ちる人々が生まれないよう，支援の網の目を整備していく役割が期待されている。

　社会福祉士の専門性を活かした支援では，主にストレングスやエンパワメントの視点からの関わりが行われている。

　支援が開始された当初は，対象者は税の滞納や家計の破綻に直面していただけでなく，就職活動にも行き詰まりを感じている状況であり，今後の生活に対して悲観的な感情が大きかったが，社会福祉士の関わりを通し，次第に自分自身が持つストレングスに気づくことができるようになっている。

　社会福祉士は，ハローワークの支援をあおぎ，関係機関と連携することで側面的援助者，促進者としての役割を果たしながら支援を行っている。

　その結果，就労へ向けた活動が具体的に動き出し，自ら課題解決に向けた行動をとることができるようになっている。これは，その潜在的な能力や可能性を最大限に評価し，人としての価値や尊厳を取り戻すための心理，社会的支援にほかならず，エンパワメントの視点から支援が行われた結果といえる。

　このように，社会福祉士による高齢者への就労支援の実際からは，高齢者自身が自らの力で生活を再建しようという意欲があるが，様々な要因が絡み合い行き詰まってしまっているという対象者像もみえてくる。

　高齢期になると，生活を支えるための収入は年金や貯蓄等の資産に頼らざるを得なくなってくる。そもそも資産が不足していることが就労動機に結び付いているようなケースでは，近い将来，体力的に働くことが難しくなったり，失業したりすれば，再び生活課題が表面化する可能性がある。

　社会福祉士には，対象者が将来直面する可能性がある生活課題に対しても対

応できるよう，継続した伴走的な支援が求められている。

（4）高齢者の家族への就労支援

1）地域包括支援センターを窓口とした就労支援

社会福祉士による高齢者の家族への就労支援が行われる場合，その支援の契機となる高齢者支援の窓口として，地域包括支援センターが関わり，支援が行われていることが考えられる。

以下，経済的虐待の養護者支援として，高齢者の家族への就労支援が行われた事例を通して支援の実際について学ぶ。

2）事　例

①概　　要

高齢者施設に入所中の母親の金銭を管理していた次男が失業したことをきっかけに母親の年金を使い込み，その結果，施設利用料の支払いが滞ったことで問題が把握された。施設管理者から経済的虐待が疑われる事例として地域包括支援センターへ連絡があり，本人の財産保全と併せて次男の就労支援を行った事例である。

②　本　　人

80代，女性，「要介護2」で約2年前より高齢者施設に入所している。認知症があり，判断能力が不十分となったため，施設利用料等の支払いや金銭管理については次男にすべてを任せていた。

③　次　　男

50代，独身。母親が高齢者施設に入所するまでは，自宅（持ち家）で二人暮らしをしていた。これまで他県で運送関係の仕事をしていたが，仕事上のトラブルが原因で5年前に退職，その後，実家に戻り母親との同居生活が始まっている。求職活動は行っていたが，採用してもらえず，これまでの貯えが底をついたことから，母親の貯えに頼る生活に陥ってしまった。

④　その他の家族

長男夫婦は同一敷地内の別宅で過ごしているが，母親と次男の生活について

は無関心で非協力的である。顔を合わせることがあってもほとんど会話もしないような状況が長く続いている。

⑤　初動段階

高齢者施設の管理者から地域包括支援センターへ施設の利用料が支払われなくなり，2カ月が経過している。母親の金銭を管理している次男が，母親の金銭を使い込んでいるのではないかと思われるとの相談が入った。

地域包括支援センターの社会福祉士により，事実確認が行われ，次男が母親の金銭を自分の生活費に充ててしまっていることを把握する。その後，経済的虐待の事案として認定され，母親の金銭管理については，次男以外の第三者が行うこととなった。長男夫婦に協力を仰いだが協力が得られず，成年後見制度を利用して支援していくこととなった。

⑥　初動段階における社会福祉士による支援

初動対応の場面では社会福祉士は高齢者の立場を理解し，権利擁護の視点からの支援を行っている。

社会福祉士は事実確認により次男による経済的虐待が認められたことから，行政担当部局に高齢者虐待の認定を求め，次男による経済的虐待の認定を根拠に，本人の財産は本人のために使用されることを目的とした支援を行っている。

高齢者虐待の認定は，次男の行為を非難したり処罰を求めたりするために行うものではなく，あくまでも本人の財産が本人のために使用されるべく行うものであり，社会福祉士は高齢者の権利擁護者として役割を果たしている。

⑦　対応段階

社会福祉士は本人の財産管理について家族以外の第三者が実施することが望ましいと考え，成年後見制度の申立て支援を行った。その一方で，次男の生活についても聞き取りを行い，今後の支援についての検討を行った。

次男は，5年前に仕事上のトラブルが原因で退職し実家に戻ってきた。これまでも求職活動は行っていたが，履歴書の作成が上手くできなかったり，面接の場面で自分の気持ちを伝えることができなかったりしていたため，就職に結び付けることができていなかった。

　社会福祉士は，次男に対して生活を安定させていくためには，就職をして経済的に自立することができるような支援が必要と判断し，生活困窮者自立支援制度の自立相談支援事業へつなぐ支援を行った。

　次男は，支援員により履歴書の作成の助言や就職面接の練習等の支援を受け，希望していた運送関係の仕事に就くことができた。

⑧　対応段階における社会福祉士による支援

　社会福祉士は，真面目に仕事に就きたいと考えていた次男の思いに着目するとともに，経済的な自立へ向けてエンパワメントの視点から支援を行っている。このような事例では，高齢者虐待を行った当事者に対して，否定的で非難的な感情が生じることもあるが，社会福祉士は次男についても守られるべき権利があることを意識し，支援機関をつなぐ仲介者・媒介者としての役割を果たしながら，側面的援助者・促進者として支援を行っている。

⑨　終結段階

　経済的虐待の認定から３カ月を過ぎるころには，次男による経済的虐待は解消した。次男も仕事に慣れ生活基盤も安定しはじめたことから，社会福祉士は，本人と次男の関係の修復に取り組むこととした。

⑩　終結期における社会福祉士による支援

　次男の仕事が休みのときには母親が利用している高齢者施設への面会訪問を促し，２人の関係の再統合を支援した。

　社会福祉士は，個人の尊厳を重視するとともに，本人に対しては権利を擁護する能力を発揮しながら専門性を活かした支援を行っている。また，次男に対しては，支援機関へのつなぎ支援を行う仲介者・媒介者としての役割を果たしながら支援を行っている。

　経済的な不安は生活全般の不安へと広がりを見せていく。本事例では，高齢者虐待対応を支援の入り口としているが，高齢者の家族への就労支援を行うことで，これまでの親子関係を修復することができている。

（5）地域包括ケアシステムにおける認知症高齢者支援

1）認知症高齢者支援の推進

　急速に進む少子高齢化や認知症高齢者等の増加を背景に，高齢者施策の中心をなす地域包括ケアシステムの整備と認知症高齢者施策が一体的に進められている。

　認知症高齢者の数は年々増加する傾向にあり，2012年には462万人（約7人に1人），2025年には約700万人（約5人に1人）推計されており，高齢化の進展に伴い，認知症の人はさらに増加することが予測されている。

　このように認知症高齢者の増加が見込まれている中，要介護状態となっても住み慣れた地域で自分らしい暮らしを人生の最後まで続けることができるよう，地域包括ケアシステムの構築が重要となっている。地域包括ケアシステムは体制の整備と同時に，その深化・推進が求められており，2017年の介護保険の改正（改正法名称，「地域包括ケアシステムの強化のための介護保険法等の一部を改正する法律」）では，「自立支援・重度化防止に向けた保険者機能の強化等の取組の推進」「医療・介護の連携の推進等」「地域共生社会の実現に向けた取組の推進等」が掲げられた。

　地域包括ケアシステムは地域の実情に応じ，高齢者が可能な限り住み慣れた地域（日常生活圏域）で，その有する能力に応じ自立した日常生活を営むことができるよう，医療，介護，介護予防，住まいおよび自立した日常生活の支援が包括的に確保される体制のことを指し，地域包括ケアシステムを実現するための中心的な機関として地域包括支援センターが想定されている。

　認知症対策の面では，国は国家戦略として「認知症施策推進総合戦略——認知症高齢者等にやさしい地域づくりに向けて（新オレンジプラン）」や「認知症施策推進大綱」等を示している。

　本項では，A地域包括支援センターで行われている認知症高齢者への支援事例から，社会福祉士による高齢者支援の実際について解説する。

2）事　　例

①　A地域包括支援センターの概要

A地域包括支援センターが設置されている保険者の人口は約23万人，65歳以上の高齢者は約6万2,000人，高齢化率は約27％，世帯数約10万世帯となっている。保険者内には直営の地域包括支援センターが1カ所，委託型の地域包括支援センターが14カ所設置されており，A地域包括支援センターは委託型の地域包括支援センターとして，約10年前から活動を開始している。

担当している地区は，人口約1万6,000人，65歳以上の高齢者は約4,000人，高齢化率は約25％，世帯数は約8,000世帯，古くから農業，漁業を営んでいた高齢者が多い地区と新興住宅地に住む子育てをしている若者が多く住む地区が混在している。約4,000人の高齢者のうち，1,200人程度が一人暮らしもしくは，老夫婦世帯である。介護老人福祉施設1カ所，通所介護3カ所，認知症対応型共同生活介護2カ所，特定施設入居者生活介護1カ所が整備されている。

A地域包括支援センターには保健師，社会福祉士，主任介護支援専門員がそれぞれ1名ずつ配置されている。

②　地域関係者（関係組織）を巻き込んだ研修会の開催

A地域包括支援センターでは，担当域内の民生・児童委員や自治会，老人会，商工会等の地域の関係者（関係組織）に地域包括ケアの一翼を担ってもらうことを目的に定期的に研修会を開催している。

研修会では，高齢者の権利擁護や消費者被害の防止，介護技術に関する内容や認知症に関する内容を取り上げているが，中でも認知症に関する研修会は参加者が多かった。

認知症は，これらの地域関係者にとっても決して他人事ではなく，また，少なからずその相談を受けていたり，相談は受けてはいるものの解決策にたどり着いていなかったりしている現状もうかがわれ，それが研修への参加率を押し上げているものと考えられた。

また，これらの研修会には，地域関係者以外にも行政職員や介護保険サービスを提供している事業所にも参加してもらうとともに，地域を支えていく同じ

関係者として巻き込んでいった。

　これまで，関係者が所属する組織で研修を行うという機会は多かったが，所属している組織を超えての交流機会は少なく，このような研修会が実施されるまでは，これらの関係者が所属している組織を超えて一堂に会し，顔を合わせて話をする機会はなかった。

　研修会は，それぞれの関係者が所属する組織の枠を超えて高齢者支援に関する情報交換を行う場へとなっていった。

　③　研修会の開催における社会福祉士の関わり

　社会福祉士は，担当圏域内の関係者（関係組織）について，研修会という場（ツール）を用いることで，それぞれの関係組織（フォーマル・インフォーマル）の枠を超えたつながりをつくり，地域包括ケアシステムの構築へ向けた足がかりを模索している。

　地域包括ケアシステムについては，その概念・範囲の説明が変化・進化し続けていることや地域包括ケアシステムのあり方は全国一律ではなく，各地域によって異なること，地域包括ケアシステムという用語が，地域全体で関係者を総動員して医療や介護の充実を目指すというように，多くの関係者や組織の働きを秩序立てた全体的にまとまった組織や仕組み，制度を指している場合もあれば，医療と福祉・介護の連携（ネットワーク）を「システム」と呼んでいる場合もあるため，その実践的理解はやや難しくなっている。

　A地域包括支援センターでは，後者の地域関係者（関係機関）による課題解決のための連携（ネットワーク）を担当圏域での地域包括ケアシステムとして捉え，その構築に取り組んでいる。

　社会福祉士は，研修会の開催にあたり，担当圏域内にある社会資源（フォーマル・インフォーマル）の把握に努め，研修会への参加の勧奨を行っている。

　社会福祉士は，地域包括ケアシステムの構築のため，その担い手になると考えられる地域の関係者（関係組織）に対し，研修という機会を提供することで，参加者個人の能力を高めるとともに，地域課題を解決していく新たな社会資源の開発の視点から関わっている。

④　地域での見守り活動の展開

　Ａ地域包括支援センターでは，研修会の機会等を通して地域の関係者（関係組織）との連携を深めていった。そのような中，地域の商店主から「お客さんから高齢者の介護に関する話題が出ることがあるが，どうしたらいいかわからないことがある」という話をうかがう機会があった。

　社会福祉士は，地域の高齢者の介護ニーズ等を初期段階で把握する仕組みが必要であると考え，地区の商工会議所へ働きかけ，会員のリストの提供を受けた。小さな町であるが，商店の数はＡ地域包括支援センターが把握していたものよりも多く，すでに子どもに対する見守り活動の取り組みに参加している事業者も多かった。

　依頼したいと考えている見守り活動の内容については，企画段階から児童・民生委員の人々に参画してもらう形で話を進めていった。これはこの取り組みが地域包括支援センターだけのものではなく，地域の高齢者を支えていくための地域における取り組みであるという立場からとられた行動であり，実際に商店主へ依頼する際も児童・民生委員も一緒になって取り組んでいることが協力を得る際の後ろ盾となることが多かった。

　地域の商店主へ見守り活動として依頼した内容は，高齢者等から困りごとの話や相談があった際には地域包括支援センターへ相談をつないでほしいという至ってシンプルなもので，特別な研修等は行わないことや事業者のできる範囲で協力をしてもらうことをその条件とした。協力してもらった商店には「高齢者等相談・連絡員」として委嘱状を交付，約10年前から活動を開始した。

　活動開始に伴い，地域から「脳梗塞^{こうそく}で入院し，退院が近づいているのでどのようにしたらよいのか」というような高齢者の介護に関する相談や「新聞受けに新聞がたまっているので安否を心配している」というような安否確認の連絡などが寄せられるようになってきた。

　認知症が疑われるような内容では，金融機関から「何度も窓口に見えて，通帳の金額（残高）が合わないと訴えられている」というような相談や，食料品店から「毎日，同じ商品ばかりを買って帰られている」というような話が寄せ

られるようになり，特に初期段階での相談が多く寄せられる傾向にあった。

　また，弁当の宅配業者から「自宅の玄関からゴミがあふれるような状況となっている」という相談が寄せられたこともあった。社会福祉士が訪問をすると，親子２人で生活をしていたが，母親の認知症が進み，調理が難しくなったことから，息子が弁当の宅配を頼んでいたことがわかった。息子から話を聞くと，仕事が忙しく十分な世話ができなかったことに加え，母親の認知症に対してどのように接してよいのか対応方法が分からない状況であったことが判明した。その後，介護保険の申請手続きを行い，介護保険サービスの利用にて支援を行うことができた。弁当の宅配業者からの相談がなければ，おそらく息子による母親に対するネグレクト事案として把握することになったものと思われた。

　このように認知症に対する相談では，比較的初期の段階で相談が寄せられるようになり，早い段階から関わりを持ち支援を開始できる体制づくりにつながっていった。

　⑤　地域での見守り活動における社会福祉士の関わり

　社会福祉士は，地域で高齢者の介護に関する話題が出ているが，それが相談につながっていない状況にあることに着目し，生活問題を発見することを目的とした関わりを行っている。このような様々な相談の中から，地域での生活問題を捉え，それを普遍化していくことも意識しながら関わりを持っている。

　また，担当している地域の商店主を社会資源の一つとして捉え，地域包括ケアシステムを担う一員として巻き込んでいる。既存のものに対し，新たな役割を付加するという手法を用いて社会資源の開発を行っている。

　社会福祉士は，地域が持つ強みに着目し地域の課題は地域で解決していこうという雰囲気づくりを行いながら活動している。

　これらの取り組みは地域で発生している個別の課題を早い段階で捉えることで，その後の支援が円滑に進みやすくなることや，地域での課題発生を未然に防ぐ予防的視点からの支援にも結び付いている。社会福祉士にはこのような地域をアセスメントする能力や社会資源を調整・開発する能力が求められている。

⑥　認知症カフェの展開

　前述したような取り組みの中からA地域包括支援センターは，地域での支援の展開の中から地域住民が認知症の人の支援について，とくに初期段階での支援が届きにくいという共通した認識があることを把握する。そこで，認知症をテーマとした研修会の開催と初期の認知症の人に対する支援についての地域ケア会議（意見交換会）を企画，実施した。

　研修会と地域ケア会議（意見交換会）には，担当域内の民生・児童委員や自治会，老人会，商工会などの地域の関係者（関係組織）や介護保険サービスを提供している事業所に加え，隣接している地域包括支援センターや介護保険サービスを提供している事業所等にも参加してもらった。

　活動を開始した当初は，担当域内の関係者だけで実施していたが，隣接している地域にある介護保険サービス事業所を利用されている高齢者も多かったことから，隣接する地域も日常生活圏域として捉え，参加協力を求めていった。高齢者の日常生活圏域は必ずしも行政区（校区）と同じではないため，この働きかけは重層的な支援を構築していく上でも効果的であった。

　意見交換会（地域ケア会議）で挙げられた「初期の段階にある認知症の人やその家族を支援する仕組みが必要」という意見を基に，「認知症カフェ」を立ち上げる取り組みを開始することとなった。

　A地域包括支援センターが立ち上げた認知症カフェは，とくにプログラムの設定は行わず，地域の高齢者などが気軽に立ち寄って過ごすことができる場を設け，必要であれば地域包括支援センターの職員が相談等に応じるという形でスタートさせることとした。カフェの会場は，地域の保健センターや介護保険サービスを提供している事業所を借りるなどして，域内の複数の箇所で実施することで高齢者などが参加しやすいような工夫を行った。

　カフェの運営はA地域包括支援センターが中心となって行うが，担当域内の民生・児童委員や生活・介護支援サポーター（後述）などの協力や，認知症対応型共同生活介護や特定施設入居者生活介護を利用している高齢者にも参画してもらい，カフェの参加者に茶菓を出してもらったり，施設内を案内してもら

ったりする等の役割を担ってもらった。

　カフェの実施の告知は，民生・児童委員へ協力をお願いし，認知症の症状が疑われたり，介護保険サービス等の利用に結び付いていなかったりする人々に直接声をかけてもらった。

　認知症カフェの名称については，認知症という言葉を使わず地域の方言で気軽に立ち寄ってみようという言葉を用いて「よってみゅーかふぇ」と名づけられ，2カ月に1回のペースで実施されている。

　カフェには，地域の人も立ち寄ることができ，介護保険サービスを利用されている人々と交流したり，認知症の人を介護している家族が参加し，悩みを吐露したり，認知症の初期段階にあると思われる高齢者への支援が開始されるなど，地域の中で認知症は他人事ではなくて多くの人にとって身近なことであり，それを地域で支えていく仕組みの一つとして機能している。

3）認知症カフェの開催における社会福祉士の関わり

　社会福祉士は，認知症カフェの開催にあたり地域ケア会議を活用している。

　地域ケア会議は，2012年に地域包括支援センターの業務として位置づけられたが実施できていない市町村もあったため，2014年の介護保険制度の改正（改正法名称，「地域における医療及び介護の総合的な確保を推進するための関係法律の整備等に関する法律」）により，介護保険法第115条の48に規定され，地域ケア会議推進事業として位置づけ，取り組むこととなった。

　地域ケア会議については，「地域ケア会議運営マニュアル」や「地域ケア会議実践事例集」等により，その運営についての指針や効果的な実践事例等が示されているが，地域包括支援センターが担当する市町村の規模や地域の特性，域内の設置状況（運営主体や設置数）等が異なっているため，地域ケア会議の運営については，センターが担当する地域の実情に合わせた運営が必要となっている。

　地域ケア会議は，『地域ケア会議運営マニュアル』で個別ケースの検討を始点として，地域づくりを行っていくための会議の総称として位置づけられており，個別課題解決機能，地域包括支援ネットワーク構築機能，地域課題発見機

図表6-1　地域ケア会議の5つの機能

		地域ケア会議の機能
個別ケースの検討を行うケア会議	①個別課題解決	多職種が協働して個別ケースの支援内容を検討することによって，高齢者の課題解決を支援するとともに，介護支援専門員の自立支援に資するケアマネジメントの実践力を高める機能
	②地域包括支援ネットワーク構築	高齢者の実態把握や課題解決を図るため，地域の関係機関等の相互の連携を高め地域包括支援ネットワークを構築する機能
地域課題の検討を行うケア会議	③地域課題発見	個別ケースの課題分析等を積み重ねることにより，地域に共通した課題を浮き彫りにする機能
	④地域づくり・資源開発	インフォーマルサービスや地域の見守りネットワークなど，地域で必要な資源を開発する機能
	⑤政策形成	地域に必要な取組を明らかにし，政策を立案・提言していく機能。市町村は，センターの提言を受け，日常生活圏域ニーズ調査結果等に基づき資源を開発し，次期介護保険事業計画に位置づける等の対応を図ることが望ましい。

出典：厚生労働省老健局振興課長ほか連名通知「地域包括支援センターの設置運営について」（最終改正2013）および長寿社会開発センター『地域ケア会議運営マニュアル』2013年，25・42-62頁を基に筆者作成。

能，地域づくり・資源開発機能，政策形成機能の5つの機能が連携した有機的な構築が求められている（図表6-1参照）。

　さらに，地域包括支援センターで行われているサービス担当者会議や事例検討会，高齢者虐待対応の個別ケース会議，地域包括支援センター運営協議会，研修会，その他の会議を取り上げ，それらの会議を地域ケア会議として位置づけることが可能であると考えられる部分について例示している。

　地域ケア会議として想定される会議は様々だが，これらの「5つの機能が循環して地域づくりを行っていくという目的に合致していることが重要」であるとしているように，地域ケア会議は，地域包括ケアシステムの構築において重要な位置づけがされている。

　社会福祉士は，地域住民が抱えている個別的な課題や様々な意見から，課題分析等を積み重ねることにより，地域に共通した課題を浮き彫りにし，地域に共通する生活問題として普遍化する能力を発揮しながら活動を行っている。さ

らに，地域に存在している関係者（関係組織）等とのネットワークも活用しながら，社会資源を調整・開発する能力を用いて活動を進めている。

（6）関係機関との連携──多職種連携

1）地域包括支援センターの機能の強化

　2014年の介護保険制度の改正（改正法名称，「地域における医療及び介護の総合的な確保を推進するための関係法律の整備等に関する法律」）では，地域包括ケアシステムの構築に向け，高齢者が住み慣れた地域で生活を継続できるようにするため，介護，医療，生活支援，介護予防の充実が図られた。

　具体的には，社会保障を充実させるための地域支援事業の包括的支援事業に，在宅医療・介護連携推進事業，生活支援体制整備事業，認知症総合支援事業，地域ケア会議推進事業が加えられ，包括的支援事業の充実と地域包括ケアシステムを実現するための中心的機関である地域包括支援センターの機能が強化された。

　認知症総合支援事業は，認知症初期集中支援推進事業と認知症地域支援・ケア向上事業の2事業で構成されており，認知症高齢者の支援において大きな機能強化となった。

　以下，地域包括支援センターの社会福祉士が認知症初期集中支援チームとの連携を行った事例を基に，その役割の実際を学ぶ。

2）事　　例

①　概　　要

　A地域包括支援センターが設置されている保険者には，約5年前に認知症初期集中支援チームが設置された。それは，専門医，保健師，社会福祉士，作業療法士，管理栄養士等で構成されている。同チームでの相談受理から初回アセスメントまでの期間は3日以内がほとんどで，その後，チーム員会議を開催し支援方針の決定を行っている。

　本事例は，医療機関へ受診はしていたが，内服薬の管理ができておらず，生活習慣病が悪化していることが定期健診で把握されたことから，保健師による

支援が開始されている。保健師が自宅へ訪問したところ物忘れの症状がみられ，介護保険サービスの利用が必要と考えられたことからＡ地域包括支援センターに紹介され支援が引き継がれた。

　その後，Ａ地域包括支援センターが関わるものの，支援に進展が見られなかったため，認知症初期集中支援チームの協力を得て要介護認定，さらに介護サービスの利用に結び付けた事例である。

　②　本　　　人

　70代，女性，医療機関へ受診しているが，生活習慣病の悪化がみられる。住民健診受診後に保健師が訪問指導を行ったところ，本人は車の運転をして病院へ行っているにもかかわらず，そのこと自体覚えていないというような物忘れがみられた。本人は，保健師や地域包括支援センターからの支援，介護保険サービスの利用などの必要性は全く感じていない。

　③　次　　　男

　40代，無職，母親のことについては全く無関心な状態である。

　④　その他の家族

　本人の実弟が同じ市内で暮らしている。本人との関係性は良好な状況にある。

　⑤　認知症初期集中支援チームへの支援要請

　支援開始当初，本人は車を運転して医療機関へ受診したにもかかわらず，受診したことも覚えていないような状況であった。認知症の診断は受けておらず，また，医療機関との情報共有や連携が難しいような状況であった。そうこうしているうちに，自宅近くへ外出した際に自宅に戻れなくなり，近所の人の支援を受けるというようなことが続くようになった。

　Ａ地域包括支援センターの社会福祉士等が繰り返し訪問を行うが，同居している次男の協力は得られず，また，本人も支援の必要性を認識していなかった。このため，介護保険サービス利用などの必要な支援につながらなかったことから認知症初期集中支援チームに支援を要請することとなった。

　⑥　認知症初期集中支援チームによる関わり

　相談が受理されたのち，認知症初期集中支援チームによる訪問が行われ，

チーム員会議が開催された。チーム員会議では地域包括支援センターのこれまでの関わりが共有され，医療機関での治療経過の情報共有，地域での生活状況について主治医へ報告，同居家族以外の協力者と介護保険サービスの導入の方針が決定された。認知症初期集中支援チームの関わりにより，医療機関と支援関係者間双方での情報共有が図られたことにより，その後，介護保険の申請につながった。

介護保険サービスの導入については，同居家族以外に本人の実弟が同じ市内に暮らしていることがわかり，A地域包括支援センターによる働きかけで，介護保険サービス利用に際して協力してもらうこととなった。介護保険の認定結果は「要介護1」であったため，近隣の居宅介護支援事業者に引き継がれ，介護保険サービスの利用に結び付いている。

今後の支援については，近隣の居宅介護支援事業者に引き継がれたが，認知症初期集中支援チームは，支援終了後も引き続き情報把握と必要時には支援を再開する用意であり，また，地域包括支援センターも総合相談として本人，家族，居宅介護支援事業所の介護支援専門員等との関わりを継続している。

同支援チームによる支援は，その多くが3カ月以内に終了していて，約7割に医療・介護保険の両方，約2割に医療，約1割に介護保険の導入支援が実施されている。支援終了時の状況は在宅継続が約7割，入院が約3割となっている。

3）多職種連携における社会福祉士の役割

社会福祉士は，自らが所属している機関の他の職種や他の関係機関等と連携を取りながら日々の業務に従事している。利用者を中心とした多職種連携では，他の職種の専門性や役割の違いを知り，社会福祉士に求められている役割を発揮することが必要となる。また，社会福祉士には，課題を解決するために活用する各種制度や支援組織（機関），専門職や個人の有する知識や技術等の人的な資源を含めた社会資源を把握し，必要時にはそれらを活用していく能力が求められることになる。

多職種連携は，自ら，もしくは自らが所属している機関で対応が難しい専門

的な関わりや支援が必要な場合や，介護ニーズに医療や看護，リハビリテーションなど幅広い支援が加わった場合等に行われることが多い。複数の機関や専門職が関わる多職種連携ではそれぞれが共通した目標，目的のもとでそれぞれの専門性を発揮していかなければならない。それぞれが所属する組織を超えた支援チームとして機能しなければならないこともある。

　社会福祉士には，高齢者の生活の質の向上を目指す支援やストレングス・エンパワメントの視点から支援ができる力が必要であり，本人や家族等の伴走者としての役割も求められている。

（7）介護予防における支援

1）介護予防事業

　介護予防とは，単に高齢者の運動機能や栄養状態といった個々の要素の改善だけを目指すものではなく，心身機能の改善や環境調整などを通じて，個々の高齢者の生活行為（活動レベル）や参加（役割レベル）の向上をもたらすとともに，生活の質（QOL）の向上や，国民の健康寿命をできる限り延ばすとともに，真に喜ぶに値する長寿社会を創成することを目指している。

　「介護予防マニュアル改訂版」では，介護予防とは「要介護状態の発生をできる限り防ぐ（遅らせる）こと，そして要介護状態にあってもその悪化をできる限り防ぐこと，さらには軽減を目指すこと」と定義されている。

　介護予防は，2006年に地域支援事業が創設される以前には，「介護予防・地域支え事業」として，市町村が在宅介護支援センター等を活用し地域の実情に応じた取り組みが実施されていた。しかし，増加の一途をたどる軽度の要介護状態にある高齢者に対応するため，地域支援事業の創設を機に予防重視の視点が一層重視されることとなる。

　その後，介護予防事業は介護保険制度の改正に伴い，対象者やサービス提供の仕組みの見直しが行われてきた。介護予防の対象者となる者の呼称も特定高齢者から二次予防事業の対象者，現在は介護予防・生活支援サービス事業対象者へと変遷している。

2014年の改正（「地域における医療及び介護の総合的な確保を推進するための関係法律の整備に関する法律」に改正）では，要支援者の予防給付のうち訪問介護と通所介護は2015年度から2017年度までの３年間で，市町村が地域の実情に応じて取り組むことができる地域支援事業に段階的に移行され，それまで市町村の判断で実施されていた総合事業は，すべての市町村で実施する「新しい総合事業」となった。

　新しい総合事業は介護予防・生活支援サービス事業と一般介護予防事業から構成されており，介護予防・生活支援サービス事業を利用できる対象者は，要支援者，基本チェックリスト該当者（介護予防・生活支援サービス事業対象者）となった。この見直しにより，既存の介護事業所による既存のサービスに加え，NPO法人，民間企業，住民ボランティア，生活協同組合（生協）等による多様なサービスの提供が可能となっている。

２）介護予防サービス利用における社会福祉士の関わり

　介護予防は，介護保険制度の制度改正に伴い，変遷がみられるが，現在は主として地域包括支援センターが関わりながら展開されている。

　地域包括支援センターは，介護予防・生活支援サービス事業を利用する要支援者や基本チェックリスト該当者（介護予防・生活支援サービス事業対象者）に対して，介護予防ケアマネジメントによりケアプランを作成し，介護予防サービス利用について支援を行っており，地域包括支援センターに配置されている３職種（保健師，社会福祉士，主任介護支援専門員）や介護支援専門員等によって実施されている。

　介護予防の利用者については，自らがその必要性を認識していないことも多い。介護予防サービス利用の支援において，とくに社会福祉士の関わりとしては，総合相談・支援業務を始点とした関わりの中から，介護予防の対象者や地域ニーズの把握が行われている。

３）介護予防サービスの体制整備における社会福祉士の関わり

　介護予防サービスは2015年度から始まった「新しい総合事業」により，既存の介護事業所による既存サービスに加え，NPO法人，民間企業，住民ボラン

ティア，生協等による多様なサービスの提供が可能となった。

　社会福祉士には，高齢者が生活している地域において，介護予防サービスが利用できるような体制整備に対する役割が求められている。

　介護予防では，高齢者自身が役割と生きがいを持って生活できていると感じながら，生活意欲を高めていくという視点が重要となる。これは介護保険制度等のフォーマルな支援のなかだけで実施されるものではなく，隣近所での見守りや助け合い，高齢者のボランティア活動等を通した社会参加などのインフォーマルな活動も含まれる。社会福祉士には，介護予防の対象者や地域ニーズの把握から，地域で必要な社会資源を創造していく役割が期待されている。

　以下，A地域包括支援センターの活動から，介護予防における社会福祉士の役割についてその実際を学ぶ。

4）事　　例

①　介護予防事業の着手

　約20年前から始まった介護予防事業では，サービス利用対象者は「特定高齢者」という名称で呼ばれており，2021年度からは「二次予防事業の対象者」と呼称の変更が行われた。この事業は，高齢者人口の5％が参加することを目標としてスタートした。介護予防事業の対象者の選定では，主に25項目からなる「基本チェックリスト」を用いて，運動機能の低下，低栄養状態，口腔機能の低下，閉じこもり，認知機能の低下，うつ病の可能性等について判定が行われた。

　しかし介護予防事業については，対象となる高齢者自身が，まだ支援を必要としていないこともあり，その必要性を認識していないことも多く利用は低調であった。

　A地域包括支援センターを担当している地域でも同様の傾向がみられていたため，保険者は，約10年前に3年間をかけ65歳以上の要介護者及び要支援者を除く第1号被保険者を対象に，郵送による基本チェックリストの配布・回収を行い，その把握に努める取り組みを行ったが，前述のとおり，介護予防事業の対象となる高齢者自身がその必要性を認識していないことや，未回収者の中に

は閉じこもり・うつ・認知症等により日常生活動作が困難な人が含まれている可能性もあり，郵送による介護予防事業の対象者の把握は難しい側面も抱えていた。

このため，A地域包括支援センターではこれらの取り組みと併せて，介護予防の支援が必要な高齢者の早期発見・早期対応を目的に，域内の老人会等の地縁組織の集まりに参加するという方法で地域へ出向き，介護予防につながる講話や体操，基本チェックリスト等を実施した。この活動では，参加している高齢者自身が介護予防に対する認識を高めるとともに，集まりに参加できていない高齢者については，参加者から地域包括支援センターの活動を紹介してもらい，近隣で支え合う雰囲気の醸成につなげていった。

② 介護予防事業の着手と社会福祉士の取り組み

社会福祉士は，担当している地区にどのような社会資源が存在しているのか整理し把握するとともに，老人会等の地縁組織を活用し，総合相談・支援業務を始点とした関わりの中から，介護予防事業の対象者のスクリーニングを行い，介護予防事業の参加へとつなげている。さらに，老人会等へ参加できていない高齢者の情報を得ながら，相談窓口へ出かけることができない人に対しては，訪問（アウトリーチ）を行うことで必要な支援につなげていくという関わりをとっている。こうした地域における互助機能を高める働きかけや潜在的なニーズ把握の取り組みは，介護予防の継続とその場づくりにもつながっていく。

社会福祉士は，予防的視点からの支援を行うとともに，ひいてはそれが高齢者自身の生活の質の向上を目指すことにつながることを意識しながら，介護予防の対象者の把握から地域ニーズの把握へと展開している。

③ 介護予防事業の展開

フォローアップ教室の開始 このように利用対象者のスクリーニング，介護予防事業の実施という流れが定着していく一方で，6カ月間の介護予防事業が終了すると，活動の場がなくなったことによる運動の中断や，改善していた運動機能が開始前に逆戻りし，次年度の介護予防事業の対象者となっているなどの事例がみられるようになってきた。

これを受け，A地域包括支援センターでは，約10年前から介護予防事業が終

了した高齢者を対象に運動する場を設け，継続的な支援を開始することとした。介護予防事業が終了した高齢者に対し，A地域包括支援センターが主催する形で月2回，地域包括支援センターが運動プログラムの企画，会場の確保から送迎までを担い，介護予防事業終了後の運動継続による介護予防を目的に「フォローアップ教室」という名前を付けて活動の場の提供を行った。

　主な対象者は，介護予防事業に参加していた人で，外出機会が少ない後期高齢者を中心とした。後期高齢者は，前期高齢者に比べ運動による改善効果が高い反面，事業終了後は運動機会の減少から事業開始前の状態に戻りやすかったこと，定期的に外出する機会が欲しいという要望が多かったことがその理由である。

　フォローアップ教室では，介護予防教室を実施した事業所の職員や行政職員等にも関わってもらった。

　そこで，社会福祉士は，講師の調整役や会場の確保や送迎の手配等の役割を担い，調整役として，また，全体的な管理者として関わった。

　フォローアップ教室における社会福祉士の役割　　社会福祉士は，行政が実施している介護予防事業が終了すると運動の機会を失ってしまう高齢者が散見されたことから，それを高齢者個人が抱えている生活課題として捉えるとともに，地域の高齢者が共通して抱えている課題として捉え普遍化することで新たな社会資源開発としてフォローアップ教室を企画・運営している。また，地域の社会資源の把握と地域住民のニーズに合わせた活用を行い，社会資源の動員者としての役割や調整者・コーディネーターとしての役割を果たしている。

　さらに，フォローアップ教室の活動と併せて，老人会等の地縁組織の集まりの中で体操等の運動プログラムを取り入れた介護予防の取り組みも実施するようになったことで，地域での介護予防に対する意識の向上がみられ，老人会等の地縁組織等がない地域でも，民生・児童委員，自治会長等に協力のもと，年数回の介護予防教室を開催できるようになった。フォローアップ教室に比べると地域包括支援センターが関わる回数は少ないものの，小地域が抱えている課題の把握やその地域の持つ強みを知るよい機会となっている。

社会福祉士は，高齢者は支援を受ける対象であるという一方向的な捉え方をするのではなく，地域の中で互いが双方向で支え合っているという視点から，高齢者が地域の課題に対処していく能力を高めるための働きかけを行っている。

　④　地域ボランティアの育成と介護予防

　介護予防における支援では，前述したとおり，単に高齢者の運動機能や栄養状態といった個々の要素の改善だけではなく，個々の高齢者の生活行為（活動レベル）や参加（役割レベル）の向上をもたらすとともに，生活の質（QOL）の向上を図っていくという視点も大切となる。特に高齢者の社会参加を促すボランティアの育成，活動支援は高齢者の介護予防にもつながる取り組みの一つと考えられる。

　このような視点から，A地域包括支援センターでは，約10年前から始めた生活・介護支援サポーター養成事業を，その翌年から受託しその養成にも取り組んでいる。

　生活・介護支援サポーター養成事業（老発第0528001号，平成21年5月28日「生活・介護支援サポーター養成事業の実施について」）は，高齢者が安心して暮らせるように住民参加サービス等の担い手として養成されるものであり，地域における多様なサービスの担い手としての役割も期待されている。養成研修はおおむね20時間程度の講義及び実習からなり，修了者には修了証が交付される。

　受講者は高齢者に限定されたものではないが，受講者の多くは元気な高齢者であることが多い。修了者には修了証が交付されることなどから，受講生の多くは意識が高い人が多いわけだが，ただ，このような担い手養成事業を実施する際に気を付けておかなければならないのは，その養成に重きが置かれがちとなり，養成後の活動支援にまで手が及んでいない場合も少なくないことである。

　A地域包括支援センターでは，研修修了者からサポーターとして取り組みたい活動を吸い上げ「高齢者施設でのボランティア活動」を行うグループの立ち上げと活動支援を行っている。社会福祉士は，担当している地区の高齢者施設に協力を呼びかけ，月1回のボランティア活動ができる体制を整えその活動を支援した。

後にこの活動は，介護保険の保険者が実施する「介護支援ボランティア活動」として実施されることとなり，65歳以上の人が対象となる高齢者施設等でボランティアを行うと，その都度ポイントが付与されるようになった。また，年間の上限はあるが，獲得したポイントを換金することができるようにもなった。

高齢者がボランティア活動等を通じ，地域に貢献することが健康で生きがいを感じながら元気に暮らしていくことになり，それが自身の介護予防を推進していくことにつながっている。

⑤　地域ボランティアの育成と社会福祉士の役割

地域のなかで活動したいと感じている高齢者は比較的多いものの，実際に活動に結び付いている高齢者はそう多くない。この取り組みでは，社会福祉士は，地域でボランティア活動を希望している高齢者と高齢者施設の橋渡し役や仲介者・媒介者として介在するとともに，調整者・コーディネーターとしての役割を担いながら，個人の能力を高め社会を開発することを意識しながら関わりを持っている。

介護予防における支援では，高齢者自身が役割と生きがいを持って生活できていると感じながら，生活意欲を高めていくという視点が重要になる。その意味で，社会福祉士には，自らが担当している地域をどのように捉え，どのように関わっていくのかという見通しや展望を持つ必要があり，地域福祉の推進について運営・管理を行うアドミニストレーターとしての役割も期待されている

⑥　介護予防事業の現在

介護予防では，高齢者が自立した日常生活を送り続けていくことができるような地域づくりの視点が必要である。このため，地域包括支援センターは様々な地域の関係機関（社会資源）等と連携を図っている。

約5年前から始まった「新しい総合事業」は，市町村が中心となって地域の実情に応じ，住民等の多様な主体が参画し，多様なサービスを充実することで地域の支え合い体制づくりを推進し，要支援者等に対する効果的，かつ効率的な支援等を可能とすることを目指すものである。

前述したとおり，介護予防には，運動機能の維持・改善を目的とした介護予

防の推進や高齢者の社会参加の積極的な取り組みの推進（活動を行う高齢者自身の生きがいや介護予防等につながるため）等が挙げられる。これらの多様なサービスの体制整備を制度的側面から支えていくために，包括的支援事業の充実の一つとして生活支援体制整備事業が位置づけられ，日常生活圏域などへ生活支援コーディネーター（地域支え合い推進員）が配置されたり，協議体の設置が行われたりするなど，その担い手やサービス開発等が行われるようになった。

　地域支え合い推進員を社会福祉士が担っているという場合もあろうが，多くの場合，地域包括支援センターの社会福祉士は，これら地域の関係者や関係機関と連携を図りながら介護予防等の取り組みを行っている。

　A地域包括支援センターが設置されている市では，担当圏域内の地域包括支援センターが把握した地域のニーズに対し，同市内に設置されている他の地域包括支援センターと内容を共有し，課題解決に向けた取り組みが行われている。また，必要な社会資源が地域にない場合，地域包括支援センターの社会福祉士等と地域支え合い推進員や協議体等の組織が連携し，新たな社会資源が生み出されている。このため，同市では，地域での通いの場が必要とされている介護予防のニーズに対して，生活支援コーディネーター（地域支え合い推進員）の活用を図りながら，図表6‒2のように新たな活動の場の立ち上げに力を入れている。

　社会福祉士は，市に配置されている第1層生活支援コーディネーター，地域包括支援センターの担当圏域ごとに配置されている第2層生活支援コーディネーターと連携を図りながら介護予防・日常生活支援総合事業の担い手やサービス開発等を行い，高齢者の社会参加や生活支援の充実を推進している。

　同市では，地域包括支援センターが担当圏域内で最も関わりを持つ第2層協議体の設置について，既存の組織を活用することもあり，「地域の課題等を話し合い，活動を創出する」という目的や役割が共有されていることを重視し，協議体という名称を用いず自由に呼称することを可能としている。

　また，2年前から，まちづくり協議会を母体としたグループ（協議体）が，これまでまちづくり協議会の話し合いの場で議題に上っていた「移動」に対する支援を始めたり，校区社会福祉協議会，自治会，民生・児童委員協議会，老

図表6-2　介護予防事業に係る通いの場の推移（週1回以上開催されている介護予防教室及びふれあいサロン数）

年　度	介護予防自主教室（活動）			高齢者ふれあいサロン	合　計
		運動主体	認知症予防主体		
2016	70	63	7	219	289
2017	89	78	11	229	318
2018	108	95	13	229	337
2019	119	105	14	233	352

出典：行政資料より筆者作成。

人クラブの情報共有の場として設立された校区福祉連絡会を発展させた校区福祉連絡協議会（協議体）による高齢者ふれあいサロン，コミュニティカフェの設立が進んだりしている。

　社会福祉士は，これらの関わりにおいて，社会資源を調整・開発する能力等の専門性を活かし，社会資源の動員者として，調整者・コーディネーターとしての役割を果たしている。それは自らが，または自らが属する組織が中心となり立ち上げが行われたり，既存の組織を活用するという方法で行われたりしている。

　社会福祉士には，地域ですでに顕在化している生活課題だけでなく，これから地域の生活課題へと発展していく可能性がある潜在的な生活課題にも目を向けながら，高齢者の生活問題を発見し，それを普遍化するとともに解決に向けて取り組んでいく能力が求められている。

注
⑴　古川孝順『福祉ってなんだ』岩波ジュニア新書，2008年，61-64頁。

参考文献
・第1節
川村匡由編著『社会保障』（福祉ライブラリ）建帛社，2018年。
川村匡由編著『入門　社会福祉の原理と政策』ミネルヴァ書房，2022年。
倉田康路『クオリティを高める福祉サービス──「苦情」から学ぶクオリティマネジ

メント』学文社，2017年。

倉田康路・滝口真監修，高齢者虐待防止ネットワークさが編著『高齢者虐待を防げ
　　——家庭・施設・地域での取り組み』法律文化社，2011年。

『社会福祉学習双書』編集委員会編『社会福祉学習双書2022　高齢者福祉』全国社会
　　福祉協議会，2022年。

・**第2節**

岩間伸之・原田正樹『地域福祉援助をつかむ』有斐閣，2012年。

筒井孝子『地域包括ケアシステム構築のためのマネジメント戦略—— integrated
　　care の理論とその応用』中央法規出版，2014年。

日本社会福祉士会編『高齢者虐待対応ソーシャルワークモデル実践ガイド』中央法規
　　出版，2010年。

日本社会福祉士会地域包括支援センターにおける社会福祉士実務研修委員会編『地域
　　包括支援センターのソーシャルワーク実践』中央法規出版，2006年。

古川孝順『社会福祉原論 第2版』誠信書房，2005年。

── 現場は今 ──

　地域包括ケアシステムの構築が必要とされる昨今においては，高齢者福祉を施設
対在宅という二者択一的に捉えるのではなく，施設も地域を構成する重要な社会資
源の一つである。また，そこで生活している人々も一方的な支援の対象者ではなく，
地域の一員として生活を営んでいる人であるという視点が大切である。しかも，地
域で暮らす高齢者を支援していくためには，高齢者福祉に関する施策や介護保険制
度を理解していれば十分とは限らない。なぜなら，複雑化する生活課題に対応して
いくためには，生活保護制度や障害者福祉制度，医療制度や健康づくり政策，児童
福祉や母子福祉等の関連施策についての知識も必要となるからである。

　そこで，社会福祉士は，自らが所属する機関が地域の中でどのような役割を担っ
ているのかを認識し，地域の中にあるインフラストラクチャーについて把握してお
くとともに，関連すると思われる多方面にわたる知識と，それをつなげていく視点
が必要である。

　しかも，地域において，一人の高齢者を支えるためにはどのような支援のネット
ワークが必要なのか，アセスメントできる力や不足している社会資源があればそれ
を創り出していく実践的な技術が求められている，といっても過言ではない。個別
課題の積み上げから地域の課題を発見し，課題解決を図ることのできる能力が今後，
ますます必要とされてくるであろう。

第7章	高齢者福祉の課題と展望

学びのポイント

　高齢者福祉はややもすると65歳以上の人たちを高齢者として捉え，その定義や特性，生活実態，介護保険を中心とした政府および自治体の制度・政策，また，福祉施設や保険医療機関，NPO法人，社協や企業・事業所による事業・活動が重視されるが，それ以前に年齢を問わず，国民一人ひとりも普段から心身の健康の増進や社会参加および家族，住民・市民の見守りや安否確認などの支援が必要である。「地域包括ケアシステムの構築」「地域共生社会の実現」，すなわち，地域福祉の推進の必要性もそこにある。

1　高齢者の概念・定義の整理

　まず高齢者福祉の課題と展望の第1は，高齢者の概念・定義の整理である。なぜなら，高齢者福祉に対する社会福祉は1963年に制定・施行された老人福祉法および1963および1961年，国民年金法が成立・施行されて国民皆年金体制が確立，また，1997年，介護保険法が制定，2000年から施行された政府および自治体の制度・政策だが，その対象となる高齢者は65歳以上の人たちとするものの，老人福祉法は「高齢者福祉法」と改正・改称されず，今日に至っており，老人や年寄りなどとの概念を定義する整理ができていないからである。これについて，厚生省社会局老人福祉課（現・厚生労働省老健局計画課）は「この法律の目的とするところは，社会的弱者である老人の福祉を図ろうというものであって，老人の弱者たる性質の程度には，児童の場合と異なり相当の個人差があり，一律の年齢で画することが適当でないことから定義がなされていない」「したがって，方法上の『老人』という用語の解釈は，社会通念上把握される

概念に委ねられており，強いて定義すれば，心身の老化が顕著であり，かつ，社会的にも老人として認められるような人といえよう⁽¹⁾」としている。

しかし，同法第5条の4（福祉の措置の実施者）では「65歳以上の者（65歳未満の者にあつて特に必要があると認められるものを含む。以下同じ。）」とする一方，介護保険法では第1号被保険者は40～65歳未満，第2号被保険者は65歳以上とし，前者は所定の特定疾病に該当する場合に限り要介護認定の申請をする資格を有するとされている。また，国際連合（国連）が1956年の報告書のなかで総人口に占める65歳以上の高齢者の人口を老年人口，かつその割合を高齢化率に定めて以来，高齢者を65歳以上とし，今日に至っているだけで，老人や年寄りなど高齢者の概念の定義は整理されないまま介護保険法が制度化されている。

ただし，日本が介護保険法を制定するにあたり参考としたドイツの介護保険法は1995年に制定，施行されたが，年齢制限がない。また，医療保険とセットになっており，2年以上の加入期間があれば要介護の高齢者の家族や友人，知人でも現金給付などを含め，介護保険サービスを利用できる。この点，日本の場合，政府が社会保障・社会福祉に関わる財源の負担の軽減と利用の抑制を図るため，保険調剤（医薬品）費も含めた医療費はカットせず，年金や介護，子育てなどの福祉を削減する一環として障害者総合支援法に基づき障害者福祉サービスを利用している障害者は65歳以上になれば介護保険法の方に優先されるむね指導しているものの，実はその併用は可能である。

いずれにしても，現行の介護保険法の実態は"高齢者介護保険法"であり，かつ家族や友人，知人など在宅で介護に当たる関係者への現金給付もない片手落ちの制度・政策である。

2 「高齢者保健福祉推進十か年戦略（ゴールドプラン）」の検証

第2は，「高齢者保健福祉推進十か年戦略（ゴールドプラン）」の検証である。なぜなら，政府は1989年，前年の1988年の「長寿・福祉社会を実現するための施策の基本的考え方と目標について」を踏まえ，その財源として消費税を導入，

同年，ゴールドプラン，1991年，「老人福祉法等の一部を改正する法律（福祉八法改正）」を制定，措置制度から契約制度へと移行したものの，予想以上の高齢化の進展と少子化のため，1994年，「高齢者保健福祉推進十か年戦略の見直し（新ゴールドプラン）」に改定，さらに1999年，「今後5か年間の高齢者保健福祉施策の方向（ゴールドプラン21）」に見直し，この10年間で約6兆円以上を投じ，特別養護老人ホーム（現・介護老人福祉施設）やホームヘルプサービス（同訪問介護），デイサービス（同通所介護），ショートステイ（同短期入所生活・療養介護）を在宅福祉三本柱とする従来の施設福祉から在宅福祉へ，さらに地域福祉および民営化を推進，1997年制定，2000年から施行された介護保険法にバトンタッチされた。このため，市町村はその具体化のため，1993年，老人福祉法および老人保健法（現・「高齢者の医療の確保に関する法律（高齢者医療確保法）」に基づき老人福祉計画と老人保健計画を老人保健福祉計画（現・老人福祉計画および特定健康診査・特定訪問指導等計画））として一体的に策定，1999年までに政府の指標に基づき施設，在宅サービスの整備およびこれに必要な財源や介護職などのマンパワー（人材）を養成・確保すべきところ，多くの市町村は財源や人材不足のため，未整備なまま翌2000年，介護保険法の施行に伴い，介護保険事業計画のなかに組み込まれ，現在に至っているからである。

　そこで，当時の自民党の国会議員でさえ「社会保障の財源に充てるため，40歳以上のすべての国民に消費税の負担を生涯義務づけるべく，だれでもいつでもどこでも介護サービスが受けられるとしたが，それが約束されなければ国家的な詐欺である」といわしめた。その後，20年経った今，現実のものとなっている。

　いずれにしても，介護保険の創設当初の「介護の社会化」はもとより，最近になって政府が掲げる「全世代型社会保障」「地域包括ケアシステムの構築」「地域共生社会の実現」など看板倒れで，2006年，要介護・要支援状態の予防サービスは市町村の地域支援事業，2015年，介護保険施設の入所は「要介護3以上」とされる等，自治体の責任への転嫁やシルバーサービス（ビジネス）に色めきたつ企業・事業所の営利追求を許す民営化に舵を切る有様である。それ

もこれもゴールドプランの整備目標への達成が不十分なまま政府によって“見切り発車”されたゆえんであることは，筆者の自治体調査によっても明らかである。[(2)]

3　第2号被保険者への対応の見直し

　第3は，第2号被保険者への対応の見直しである。なぜなら，前述したように，介護保険サービスを利用するには40歳以上の被保険者のうち，65歳以上の第1号被保険者は65歳になった月から保険料を市町村が年金から天引きして徴収（特別徴収）し，以後，要介護・要支援状態になればその原因を問わず，市町村，または近くの地域包括支援センターに要介護認定を申請できるのに対し，40〜65歳未満の第2号被保険者は健康保険組合（健保組合），または全国健康保険協会（協会けんぽ），もしくは市町村国民健康保険（国保），共済組合（共済）の被保険者（組合員）の場合，これらの保険料（掛金）と一緒に徴収（普通徴収）し，要介護・要支援状態になった原因ががん（末期）や関節リウマチなど加齢に伴って生じる16種類の特定疾病[(3)]の場合に限られる。このため，第1号被保険者のように市町村に要介護認定を申請，または近くの地域包括支援センターにその手続きの代行を依頼，事前に主治医（かかりつけ医）に相談し，特定疾病のいずれかによって要介護・要支援状態が明らかな場合，はじめて要介護認定を申請できることになっているため，介護保険サービスの利用は限られるからである。

　現に，厚生労働省によると，要介護（要支援）認定者数は2022年2月末現在，約689万1,000人のうち第1号被保険者は全体の約18.8％，また被保険者のうち，実際に介護保険のサービスを利用しているのは同2割にも満たないほか，「要介護5」でも支給限度額を超えている人は同5.9％にすぎず，これは格差以外の何物でもないのではないか。

　いずれにしても，日本が介護保険法を制定するにあたり参考としたドイツの介護保険では年齢制限がないことなども考えれば日本の介護保険は名ばかりで，

その実態は"高齢者介護保険法"であることが再確認できる。

4　介護保険上の家族給付金是非の論議

　第4は，介護保険上の家族給付金是非の論議である。なぜなら，要介護認定を申請，「要介護1〜5」と判定されても都市部では介護保険施設が東京一極集中の果ての人口増に追い着けず，かつ介護職員の報酬（賃金）が2020年現在，全産業の平均月収よりも6〜7万円低く，就業者不足に離職者の続出が輪をかけ，介護離職による貧困化や虐待，一家無理心中などの悲劇を招いている。このため，政府は2017年，外国人技能実習生制度を創設したものの，移民としての受け入れまでは考えていないとあって人材不足が解決されていないのが現状である。また，やむなく「8050問題」，すなわち，80代の老親が50歳の子ども夫婦の生活を支援するため，政府は訪問介護員（ホームヘルパー）の資格を有する場合に限り介護保険法の枠外で家族への介護慰労金を認め，一部の自治体がこれを受け，支給しているのが実態だからである。

　しかし，日本が介護保険を参考にしたドイツ等では保険給付の形で給付している。このため，政府はこのような老親（ろうしん）の介護に当たる家族に対し、1991年，「育児休業，介護休業等育児又は家族介護を行う労働者の福祉に関する法律（育児・介護休業法）」を制定・施行，支援することになったが，肝心の企業・事業所の理解は乏しく，介護休業を申し出たものの，拒否されたため，離職せざるを得ないのが実情である。現に，厚生労働省の調査によると，老親の介護や看護を理由に離職する介護離職は2017年には約9万人に上っており，2007年に比べて倍増，結果，経済全体の付加価値の損失は1年当たり約6,500億円に見込まれる有様である。

　そこで，政府は2015年，「一億総活躍社会の実現」のため，「ニッポン一億総活躍プラン」を策定，介護の受け皿を38万人分以上から50万人分以上，介護人材の処遇改善（月額平均1万円相当の改善），修学資金貸付制度や再就職準備金貸付制度の充実，高齢人材の活用，介護ロボットの活用促進やICT（情報通信技

術）などを活用した生産性の向上，育児・介護休業法の改正による仕事と介護の両立および介護休業の取得促進のための周知・啓発の強化を通じ，介護離職ゼロを提唱したが，離職者は2020年春以降の新型コロナウイルスの施設内感染なども加わり，その後も急増するばかりである。また，この介護保険上の家族給付金が実現すれば企業・事業所の居宅介護支援事業の各種サービスを利用する選択肢が増えることも確かである。

　いずれにしても，元はといえば，介護保険の導入の前提であった「ゴールドプラン」による介護サービスの整備目標量に達しないまま，拙速にドイツの介護保険を参考に導入したツケが露呈したわけで，早急に事態の打開に努めることが必要である。

5　ケアマネジメントの公平中立化

　そして，最後に第5は，ケアマネジメントの公平中立化である。市町村，または近くの地域包括支援センターに要介護認定を申請，職員などの認定調査員や主治医意見書をもとに介護認定審査会で審査を受け，「要介護3」以上で介護保険施設または居宅介護支援事業所，「要介護1・2」の場合は，居宅介護支援事業所，「要支援1・2」の場合，地域支援事業を行っている市町村に介護サービス計画（ケアプラン），または介護予防サービス計画（介護予防ケアプラン）の作成を依頼（または自分で作成し），費用の1〜2割を負担して必要な介護サービスを受けることになる。これらのケアプランや介護予防ケアプランは，基本的に介護支援専門員（ケアマネジャー）が作成することになっているため，ケアマネジャーは担当する要介護者などの人格を尊重し，常にその立場に立って要介護者などに提供される介護サービスが特定の種類や事業者に偏ることのないよう公正，かつ誠実に業務を行わなければならないとされている。

　しかし，ややもすると雇用先や取引先の介護保険施設，または居宅介護支援事業所などの介護サービスを優先してプランを作成，利益誘導のおそれがある。このため，会計検査院は2016年，ケアマネジメントの公正・中立を確保すべく

現行の制度は必ずしも合理的，かつ有効な施策であるとは考えられないため，特定企業・事業所への集中および減算の見直しも含め，十分検討するよう指摘した。

　また，都道府県によるケアマネジャーに対する報告の徴収や指示，研修受講命令等の事務権限の付与・移譲の検討に際し，市町村の事務の負担に十分配慮した上，市町村や地域包括支援センターによる適切なケアマネジメントを推進するための支援の充実について，地域支援事業の議論のなかで検討することはどうか，などの意見が聞かれる。

　しかし，ケアマネジメントの公平・中立化を万全のものとするには，現行のケアマネジャー一任から現行の福祉事務所や保健センターにならい，市町村が行政の責任の名において運用すべきである。それはまた，所轄の都道府県，ひいては政府の公的責任としての公助，言い換えれば社会保険の一つである介護保険本来の姿である。国民主権，基本的人権の尊重，平和主義を三大原則とする日本国憲法第25条で定めた国民の生存権および国の社会保障的義務のゆえんである。そのような意味合いもあってか，市町村によってはケアマネジャーがNPO法人や独立型事業所を立ち上げ，ケアマネジメントの公平・中立化に努めている傾向は大いに歓迎すべきである。なぜなら，当座の有効策としては評価できるからである。

　いずれにしても，2000年に創設された介護保険は20年の経過を検証し，今一度「介護の社会化」の原点に立ち帰り，安易に企業・事業所のシルバーサービスに委ねることのないよう，政府や社会保障審議会はもとより，介護保険サービスの利用者，さらには被保険者など広く国を挙げてケアマネジメントの公平・中立化についても論議し，2065年の本格的な少子高齢社会および人口減少においても持続可能性を追求することが求められていることは確かである。

注

(1) 厚生省社会局老人福祉課監修『改訂　老人福祉法の解説』中央法規出版，1987年，61-62頁。

(2)　川村匡由『老人保健福祉計画レベルチェックの手引き』中央法規出版，1994年。

(3)　同前。

(4)　厚生労働省「平成29年度介護従事者処遇状況等調査結果」など。

参考文献

川村匡由『介護保険再点検』ミネルヴァ書房，2014年。

川村匡由『老活・終活のウソ，ホント70』大学教育出版，2019年。

川村匡由編著『高齢者福祉論 第2版』（シリーズ・21世紀の社会福祉③）ミネルヴァ
　　書房，2005年。

川村匡由編著『シルバーサービス論』（シリーズ・21世紀の社会福祉⑫）ミネルヴァ
　　書房，2005年。

川村匡由編著『介護福祉論』（シリーズ・21世紀の社会福祉⑧）ミネルヴァ書房，
　　2011年。

　利用者は今

　ケアプランおよび介護予防ケアプランは利用者でも作成できるが，そのためには地域にどのような介護保険施設や居宅介護支援事業所などがあるか，市町村の広報紙やミニコミ紙などで日ごろから情報収集するとともに，友人や知人からその評価を聞いて知っておくことが大切である。このため，自分や家族が健康なうちに近所付き合いや趣味，特技などサークル活動，市民講座，筆者のように自宅の一部を開放した居場所やカフェへの参加，ボランティア活動などを通じ，利用者やその家族，訪問介護員やケアマネジャー，施設職員から生の情報を集め，共有して消費者福祉に努めたい。

あとがき

　「まえがき」でも述べたように，社会福祉士の国家資格取得志望の学生向けの養成課程の教育内容である現行の新カリキュラムは約10年ぶりに改定され，2021年4月以降，全国の福祉系大学や短期大学，専門学校などの一般養成施設および短期養成施設はその資格取得を志望する入学者に対し，この新々カリキュラムに基づいた養成教育を実施，2024年度（2025年2月）以降，国家試験に合格し，ソーシャルワークのプロフェッショナルとして輩出するよう，努めることになった。

　そのなかで，新々カリキュラムの「高齢者福祉」は，それまでの「高齢者に対する支援と介護保険制度」では「高齢者の特性」をはじめ，「少子高齢社会と高齢者」「高齢者保健福祉の発展」「介護保険サービスの体系」「高齢者を支援する組織と役割」「高齢者支援の方法と実際」「高齢者を支援する専門職の役割と実際」「介護の概念や対象」「介護過程」「介護各論①」「介護各論②」となっているのに対し，「高齢者の定義と特性」や「高齢者の生活実態とこれを取り巻く社会環境」「高齢者福祉の歴史」「高齢者に対する法制度」「高齢者と家族等の支援における関係機関と専門職の役割」「高齢者と家族等に対する支援の実際」を内容としており，「高齢者の生活実態とこれを取り巻く社会環境」や「高齢者に対する法制度」が新たに加味された。また，一部は新カリキュラムの「保健医療サービス」が「保健医療と福祉」と関わる形で割り振られたため，この「保健医療と福祉」と合わせて学びたい。

　いずれにしても，すべての団塊世代が75歳以上の後期高齢者となる2025年に向けた現状を踏まえれば高く評価されるが，本書ではこれに満足せず，「保健医療と福祉」をも見据え，第7章に「高齢者福祉の課題と展望」を加え，今般の新々カリキュラムの内容を総括したうえ，全体を見通した当面の課題，さら

に、2065年の本格的な少子高齢社会および人口減少を見据えた展望を述べた。このため，本書は類書にない有用なものとして活用していただけると自負している。

　最後に，本書を刊行するにあたり企画から編集まで多大なご助言およびご苦労をおかけしたミネルヴァ書房編集部の音田潔氏，ならびに共著者各位に改めて深く感謝したい。

2023年 2 月

武蔵野大学名誉教授

川村匡由

索　引

著者紹介 （所属，分担，執筆順，＊は編者）

本 郷 秀 和 ほん ごう ひで かず（福岡県立大学大学院人間社会学研究科教授：第1・2章）

井 上 修 一 いの うえしゅういち（大妻女子大学人間関係学部准教授：第3章）

小 林 哲 也 こばやし てつ や（静岡福祉大学社会福祉学部講師：第4章1）

楢 木 博 之 なら き ひろゆき（静岡福祉大学社会福祉学部教授：第4章2～8）

金 美 辰 きむ み じん（大妻女子大学人間関係学部准教授：第5章）

倉 田 康 路 くら た やすみち（西南学院大学人間科学部教授：第6章1）

久 保 英 樹 く ぼひで き（中九州短期大学経営福祉学科教授：第6章2）

＊川 村 匡 由 かわ むら まさ よし（編著者紹介参照：第7章）

編著者紹介

川村匡由（かわむら・まさよし）

1969年，立命館大学文学部卒業。
1999年，早稲田大学大学院人間科学研究科博士学位取得。博士（人間科学）。
現　在　武蔵野大学名誉教授（社会保障・地域福祉・防災福祉），行政書士有資格，シニア
　　　　社会学会理事，世田谷区社会福祉事業団理事，福祉デザイン研究所所長，地域サロ
　　　　ン「ぷらっと」主宰。
主　著　『入門 社会保障』（編著，2021年），『入門 地域福祉と包括的支援体制』（編著，
　　　　2021年），『入門 社会福祉の原理と政策』（編著，2022年），『高齢者福祉論 第2版』
　　　　（シリーズ・21世紀の社会福祉）（編著，2005年），『シルバーサービス論』（同），
　　　　『介護保険再点検』（2014年）以上，ミネルヴァ書房，『改訂 社会保障』（編著，
　　　　2020年）建帛社，『現代社会と福祉』（監修，2018年）以上，電気書院，『三訂 福
　　　　祉系学生のためのレポート＆卒論の書き方』（2018年）中央法規出版，『老活・終活
　　　　のウソ・ホント70』（2019年）大学教育出版ほか。

＊川村匡由のホームページ（http://kawamura0515.sakura.ne.jp/）

入門 高齢者福祉

2023年3月30日　初版第1刷発行　　　〈検印省略〉

定価はカバーに
表示しています

編 著 者　　川　村　匡　由
発 行 者　　杉　田　啓　三
印 刷 者　　中　村　勝　弘

発 行 所　株式会社　ミネルヴァ書房
607-8494　京都市山科区日ノ岡堤谷町1
電話代表　（075）581-5191
振替口座　01020-0-8076

© 川村匡由ほか，2023　　　　中村印刷・新生製本

ISBN978-4-623-09551-3

Printed in Japan

入門 社会福祉の原理と政策

川村匡由 編著

Ａ５判／210頁／本体2500円

入門 社会保障

川村匡由 編著

Ａ５判／250頁／本体2600円

入門 地域福祉と包括的支援体制

川村匡由 編著

Ａ５判／274頁／本体2800円

福祉政策とソーシャルワークをつなぐ

椋野美智子 編著

四六判／264頁／本体2800円

主体性を引き出す OJT が福祉現場を変える

津田耕一 著

Ａ５判／232頁／本体2500円

福祉専門職のための統合的・多面的アセスメント

渡部律子 著

Ａ５判／272頁／本体2800円

────── ミネルヴァ書房 ──────

https://www.minervashobo.co.jp/

.